おみその
世界どん深
闇ニュース

やっぱり何かがおかしい

おみそん

都市伝説の探究がアナタをちょっとだけ救うかもしれない

インザスカイ

徳間書店

ハローユーチューブ！

この本を手に取ってしまったあなたに言いたい。
あなたの今年の運勢は前年度300%増しでイケイケドンドンです。
待ち人は１億人くらいきますし、
願い事は叶いすぎて吐きそうになります。
商売繁盛、家内安全、七転八倒、無芸大食……。
はい、もうこの本は本棚に戻さずにそのままレジに向かってください。
「ネットで買ったよ！」っていうあなた、
口答えはやめてもらっていいですか？
嘘です。
ＬＯＶＥです。

私は毎日ユーチューブで闇のニュースを配信している者です。
どれくらい闇かというと
昨日作った動画の内容を１ミリも覚えていないくらいに闇です。
自分でも何を言ってるのかわからないですし、
今これも勢いで書いています。

そして賢明な読者諸君ならおわかりだと思いますが、
明らかに私は行数を稼ぎにきています。
「読者諸君」っていう著者、前からウザいと思ってました。

落語が好きなんじゃない、談志が好きなんだ。
そんな談志イズムを継承した内容になっています。
すいません、これは完全に嘘です。

15-9

たま市北公園歩道橋

北浦和

毎日寿司ばかり食べているとピザも食べたくなりますよね？
私は今からピザを皆さんに提供します。
ちょっと辛いかもしれません。
でも、食べた後、また何日かしたら食べたくなると思います。

ええ、ちょっといい感じにまとめようとしましたが、
失敗しました。
何だよ、唐突にピザって。
毎日寿司食ってる奴はピザなんか食わないだろ、と。
私もそう思いました。
気が合いますね！
もうレジにこの本持って行きましょ？
お買い上げありがとうございます。

Touch! だけでも
当たる!
チェック!

とはいえ頑張って書いたので最後まで読んでほしいです。
そして寝る前に私の事を思い出してください。
星になった私をね……いつも君のことを見ているよ……。
そう、もう君の家の前にいるよ？
私はここにいるよ？
こだまでしょうか？
いいえ、メリーさんです。

restaurant
Café
ラボ
Café
LAVO
ョン大魔王
人気の

JR東日本
西川口駅 (西口)
Nishi-Kawaguchi Station (West Entrance)

あなたの知らないところに、
その闇は横たわっている。
それは前から見たら綺麗な色をしているのです。
美しい形をしているのです。
でも後ろから見たら……。
この世界で一番恐ろしいものは一番優しい顔をしている。
この本はもしかしたら、
それをあなたに気づかせることができるかもしれない。
読み終わったら世界の造形が変わってしまっているかもしれない。

怖いですか？
闇の中にしか光は存在し得ない。
それを覗いている時、私たちもまた覗かれているのです。

やっぱり何かがおかしい――目次

序章　メディアは洗脳装置なのか

第1章　恣意的な報道と捏造への荷担

第2章　ニューメディアとオールドメディア

第3章　Theyとは誰のことか

第4章　メディアが煽りそして裏切る

第5章　このままではわが国は滅びる

終章　都市伝説と陰謀論

装丁・本文デザイン／ヒキマタカシ
ＤＴＰ／キャップス
校閲／麦秋アートセンター

序章

メディアは洗脳装置なのか

テレビは洗脳装置？

「テレビは洗脳装置。嘘でも放送しちゃえばそれが真実」


これって、誰の発言だと思いますか？

陰謀論者の言葉ではありません。これは、のちにキー局の会長になる方が、副社長時代に放った言葉だと言われています。


かつて私にも、テレビやマスコミが嘘をつくなどと1ミリも思っていなかった時代がありました。

私はいわゆる就職氷河期世代です。私が就職活動をしていた頃は、ひとりで何十社も受けるのは当たり前でした。私も片っ端からエントリーして面接を受けましたが、全部落ちました。

マスコミ志望だったので、テレビ局や出版社、広告代理店なども片っ端から受けました。今では考えられないことですが、当時の学生の就職志望企業ランキングトップテンほとんどがマスコミ系の企業でした。
もちろん、テレビ局は大人気で超難関。多くの就活学生がテレビ局に入社すること
に憧れていたのです。
それぐらい魅力も権力も財力も持っていたテレビ局が、今や「オワコン」やら「オ
ールドメディア」だのと言われ信用は失墜、在京キー局の決算も毎年右肩下がりに落
ちています。
昔は誰もがテレビを観ていましたし、朝から新聞を読んでいました。通勤電車の中
で企業戦士たちは新聞を器用に折り畳みつつ朝の情報収集に勤《いそ》しんでいたのです。
なぜか？
今のようにスマホがなかったからです。
ゆえにテレビで流されているもの、新聞に書かれているものがすべてでした。誰も
が、それが真実だと思って疑わなかったのです。
ゆえに私自身も、マスコミで叩かれてる人は「悪人」と、ずっと思っていました
たとえば、２００９年、Ｇ７で泥酔記者会見をしてしまった中川昭一財務大臣。

2008年当時、参院外交防衛委員会で、野党議員に「カップめんがスーパーでいくらで売られているか知っているか」と質問され、「最初に出たとき、えらく安かったと思うが、いまは1個400円くらいします?」と答えた麻生太郎総理。

2000年5月、アメリカ大統領ビル・クリントン氏との会談において「ハウアーユー」を言い間違えて「フーアーユー」と言ってしまったと報道された森喜朗総理などなど、みんな「悪い人」だと思い込まされていました。

でも後になって、その思い込みの多くはマスコミの印象操作の影響だったことに気がついたのです。

中川昭一氏は泥酔状態であったことを否定しており、酩酊しているように見えた原因は風邪薬だったと言っています。

麻生太郎氏の件は、そもそも外交防衛委員会でカップめんの値段を総理に問う時点で、おかしいですよね。野党議員が印象操作を狙った質問で、それにマスコミが飛びついた。「庶民感覚がない! けしからん!」と。

森喜朗氏の「フーアーユー」は、英語が苦手であると自ら表明していた森氏を貶《おとし》めるための完全なるフェイクニュースでした。

皆さんは、いつ「マスコミはおかしい」と気づきましたか？

私は２０２０年のアメリカ大統領選挙のときです。

トランプ氏とバイデン氏が激突した当時、日本のマスコミは揃ってトランプ氏のことを「大悪党だ！」とか、「アメリカを分断するレイシストだ」とか、「人種差別主義者だ」と罵倒《ばとう》していました。

でもインターネットには真逆のことが書かれていたのです。

この時に「何かがおかしい」と思ったのです。

もしかすると、昔マスコミで叩かれて消えていったさまざまな「悪人」たち、彼らも、もしかしたら本当は違っていたのでは？

私はそう思うようになりました。

ところで、テレビのオワコン化がいつ頃から始まったのかをご存知ですか？

オワコン化が始まったのは、一説によると２０１１年３月の東日本大震災以降と言われています。
当時、面白いかどうかを重視した番組制作から、コンプライアンスを重視した番組制作に変化せざるを得ず、多くの制作会社がそちら側に舵《かじ》を切ったそうです。つまり、視聴者の求めるものではないものが主軸になりはじめた。結果、インターネットに取って代わられてしまったというのです。

2022年6月、NHK党の立花孝志党首が、生放送で出演していた『報道ステーション』(テレビ朝日系)を途中で退席させられたことがあったのを覚えていますか？　各政党党首が出演して安全保障問題について討論中に、立花氏の発言を司会の大越健介キャスターが遮り、立花氏は討論の場から退席となったのです。その時、立花氏はテレビは核兵器に勝る武器で、国民を洗脳する装置だと発言したのです。

「はい、テレビをご覧の皆さん。テレビは核兵器に勝る武器です。テレビは国民を洗脳する装置です。テレビは国民が知るべき真実を隠しています。本日お昼過ぎ、テレビ朝日のプロデューサーの方からお手紙をちょうだいしました。そのお手紙には〝テーマから逸脱する発言は控えていただくようお願いいたします。万が一そのような発言があった場合はしかるべく対応をさせていただく場合もあるとご承知おきください〟……」

読者の皆さんが立花氏をどう評価しているかは別として、この発言はフラットに耳を傾ける必要がありそうです。

メディアは国民を操作できる?

メディアは嘘を垂れ流す――。驚くべきことですが、報道は正義ではなかったのです。しかし、よくよく考えてみれば、メディアは昔から、嘘を本当のことのように流してきたのです。

日本は第二次世界大戦で負けましたが、戦後教育では当時の軍部が暴走して日本を戦争に進ませたと教えられてきましたし、メディアも常に「日本が悪い」というスタンスで報道し、特集番組を制作しています。

ゆえに多くの人が「巨悪はあくまでも軍部であり、私たち国民は無理やり戦争に参加させられたんだ」と信じています。

そしていまだにわが国は、主権国家にとって当然の軍隊を持てていないし、憲法もGHQがワイマール憲法をベースに作成したものを押しつけられたままです。

本当に軍部だけが悪いのでしょうか?

わが国が戦争に突き進むうえで、大きな役割を果たしたのがメディアであることは皆さんもご承知でしょう。

当時の主要メディアであった新聞各紙は戦争報道を部数伸長に利用しました。

国民が求める情報、それは強い日本であり、新聞は時には嘘を混ぜてそれを報道し国民感情を煽《あお》ったのです。

当時の内閣は軍部に逆らえなかったと言われていますが、本当はそれだけではないのです。国民が新聞に熱狂させられて、国民の声によって戦争に進んでいったという一面もあるのです。

メディアが国民を操作していたと言っていいでしょう。

戦後、新聞各社は「私たちは生まれ変わった」かのように、かつての主張を翻しました。軍部は悪であり、戦争は悪であり、戦前の体制は間違っていたと。

自分たちの主張を180度捻《ねじ》じ曲げて、被害者ムーブをしはじめ、戦後の自虐史観を広めることに精を出したのです。

その体制は実は今でも続いていて、そしてその権力基盤は新聞からテレビに遷《うつ》り、今に至ります。そのテレビも権力の座から滑り落ちようとしていますが、その影響力はいまだに強く、多くの人々に影響を与えているのは言うまでもありませんね。

メディアはそれとわからないように、あくまでも正義の味方としていつも私たちに語りかけてきます。

その口調はあくまでも紳士的で淑女的で、とても綺麗な言葉を使うのです。

でもその裏側は、ドロドロの汚い思惑にまみれている――。

そしてそれは戦中だけでなく、スマホが普及し、デジタル化が進んだ令和の現在まで、そのスタンスを変えていないように思えます。

「演出」それとも「やらせ」？

バラエティ番組などで「やらせ」が問題になることがあります。「やらせ」を辞書で引くと何と書いてあるのでしょう。「テレビのドキュメンタリーなどで事実らしく見せながら実際には演技されたものであること」だそうです。

事実でないことを事実であるように誤認させるような行為、それが「やらせ」であることなど、誰もが知っていることです。

しかし、テレビ番組の制作者の認識はちょっとそれとは違うみたいです。

0（ゼロ）を1（イチ）にするのが「やらせ」であって1を2や3にするのは「演出」であると考えているようです。

つまり、もともと存在しないものをあるように見せるのは「やらせ」だが、面白さやわかりやすさを付け足すのは「演出」であるということです。

テレビ業界では撮影された映像のことを「素材」と呼びます。映像は番組作りのための素材であって料理で言うところの食材にあたります。

食材としての野菜や肉を、冷蔵庫から取り出して並べるだけでは料理にはならない。切ったり、焼いたり、煮たりと、手間を加えて美味しい料理ができあがる。それこそが演出であるということです。

言っていることは理解できます。でも、これはバラエティ番組だけの話だと私は思っていたし、皆さんもそう思っていたのでは？

しかし、近年、本来だったらそういったことが許されないはずの報道の現場でも同じようなことが行われていたことが判明しました。

ニュースキャスターが角度の付いた発言、つまりフラットではない主張をしたり、政治家の発言を切り取ってまるで違う意図のことを発信しているのがバレてしまった。ニュースバラエティやワイドショーは、もはやデマ拡散装置でしかなく、同時間帯のXのタイムラインは、そんな偏向ぶりをウォッチするネット民の大喜利の場になっています。

ニュースの加工、これは演出ではなくて「やらせ」の部類に入ると私は思います。

これもまた、実は遥か昔から行われてきた手法で、今に始まったことではありません。自分たちの気に入らない人物、気に入らない思考を変えさせるために、マスメディアは発信力という武器を使って捻じ曲げてきたのです。

テレビや新聞しかなかった頃には、反骨精神のある週刊誌などによる告発はあったにせよ、マスメディアの「やらせ」情報はなかなか表に出てこなかった。

私たちがそれを知ったのは近年。つまり、インターネットを自在に使えるようになってからのことです。報道をインターネットに転載することで、情報の流通がフローからストックに変わり、証拠がストックされるようになったことがひとつ。そしてもうひとつは、個人がウェブサイトやSNSに発信できるようになったこと。

切り取られて演出加工された二次情報、三次情報ではなく、私たち個人が一次情報にたどり着くことができ、偏向報道された被害者の声をキャッチできるようになったことで、マスメディアの発信が作り物だったという衝撃の事実を知ることになったのです。

切り取られた情報の加工は本来の意味を大きく捻じ曲げる危険性をはらんでいます。それをできる立場にあるマスメディアは、その権力を何十年も前から自分たちのために使ってきたというわけです。

振り返れば、私たち視聴者も純粋すぎたと思います。

メディアは独自に暴走する？

最近、『極悪女王』（Netflix）というネット配信のドラマが話題になりました。女子プロレスラー・ダンプ松本さんはあくまでも台本に従ってヒールを演じていただけなのに、当時の視聴者の多くはそれを本当のワルだと思い込みました。プロレスには台本があります。漫才にだって台本があります。でも私たちが知らなくてはならないのは、報道やニュースの制作現場も台本ありきの世界だということです。

マスメディアは権力の犬――左翼政党や左翼活動家はそのように表現することがあります。しかし近年、マスメディアが自民党の犬だったことがありますか？　マスメディアは左翼政党や左翼活動家の仲間にしか見えません。つまり、マスメディアを操る権力があるとすれば、それは政権与党とは限らないということです。

最近ネット界隈《かいわい》で荒くれ者として注目を浴びている数名の記者さんは、「権力を監視する」と言いつつ、単なる言いがかりをつけているようにしか見えませんし、もはや悪者に荷担している活動家の様相を呈しています。

1993年の解散総選挙により自民党が野党に転落しましたが、この時、日本民間放送連盟の会合の中で当時のテレビ朝日の取締役報道局長の椿貞良氏が、「ニュースステーションに圧力をかけ続けてきた自民党守旧派は許せない」と語り、反自民連立政権を成立させる手助けになるような報道をしようと局内をまとめたと言われています。視聴率1％は38万人だそうです。

有名番組だったら数百万人が観ているということです。しかも当時はまだインターネットが今ほど普及しておらず、スマホもまだ登場していません。テレビの影響力は著しく強く、彼らが角度を決めて、そう報道したならば、そのようになってしまう時代でした。視聴者は知らない間に制作者たちの意図をスポンジのように染み込ませてしまうことになったのです。

昔は民意をはかる手段と言えば、メディアの世論調査がすべてでした。時にはそれが政権をひっくり返したりしていたわけです。

でも近年、世論調査に不正が行われているという情報が頻繁に流されるようになり、人々はこれを信じなくなった。これもまた彼らがついていた大きな嘘のひとつだと言えるでしょう。

違法状態のメディア？

皆さんは東京のキー局が違法状態にあるという噂を聞いたことがあるでしょうか？日本のテレビ局は総務省から許可を受けて行っている認可事業です。その運営には厳しいルールが設けられています。

たとえば外資比率は20％以下にしなければいけないというのもそのひとつ。この制限は、外資による支配を防ぐことが目的です。しかし、事実上このルールは崩壊していて、多くのキー局が20％を超える違法状態にあると言われているのです。

正確には放送局は外国資本の議決権比率を20％未満にしなくてはならないのですが、民放各局は19・9％以内を保つため、株主名簿への外国人の名義書換を拒否することで対応してきているのです。つまり実質的には超えているということ。

そして、外資比率の多いテレビ局は、報道も含めて外資の意向に逆らえない制作現場になってしまうのです。株主資本主義と呼ばれる現代において、企業が向いているのは、社員でもなく、顧客でもなく、株主のほうなのかもしれません。

２０２１年に外資比率が20％以上だったことが明らかになった東北新社は一部チャ

ンネル（「ザ・シネマ４Ｋ」）に関する衛星放送事業の認定が取り消しになりました。

フジテレビを子会社に持つフジ・メディア・ＨＤも必要な名義書換拒否を行わなかったため、放送法が定める外国人等の議決権比率が20％以上となっていることが２０１４年に判明し、総議決権数から控除しました。フジ・メディア・ＨＤはこの外資規制違反を総務省に報告、これを受けて、総務省は口頭で厳重に注意しました。

ただし、当初の認定時（２００８年９月）において外資規制に抵触していなかったこと、報告時点では、外資規制違反状況は解消されていたため、認定取り消しにはなりませんでした。

総務省の報告書を見ると、認可取り消しとなった東北新社とフジ・メディア・ＨＤとのケースの違いを一生懸命に説明しています、さすがにフジテレビの認可取り消しはできなかったようですが、現在の状況を見ると、「取り消しておいたほうがよかったのでは」と思う方も多いのではないでしょうか。

外資による侵食は外資比率だけではありません。株式を保有するのではなく、番組スポンサーとなって、番組制作側に忖度《そんたく》させるというやり方もあります。こちらのほうがてっとり早いのは言うまでもありません。

昔からまったく変わっていない

米国の独立宣言を起草した人物であり、その後第3代大統領となったトマス・ジェファーソンは「新聞なき政府か、政府なき新聞をとるかと問われたら、ためらわず後者を選ぶ」という言葉を残しています。新聞記者が記事で引用するのを目にしたこともありますが、多くの人はこれをいい意味で捉えているような気がします。いわゆる、ジャーナリストによるジャーナリズム必要論で引用されることが多いのです。

名コラムニストで知られる髙山正之氏のコラムで読んだジェファーソン大統領の新聞に対する発言は、メディアの闇を示唆していました。

どういうことか？

ジェファーソン大統領は、新聞記者を目指す学生に「新聞とはどんなに美しい事実でも、そこを通すと二目と見られぬ醜悪なものにする装置だ。記者になどなるものじゃない」と言ったそうです。

また、「新聞の中で比較的嘘が少ないのは広告のページだ」という発言も残っているそうです。

これって、皆さんもフムフムと納得できるのではないでしょうか。2024年はメディアがさまざまな事実を醜悪なものに加工していたのを目の当たりにしたのですから。ちなみに、ジェファーソン大統領のエピソードは、約200年前の話なのです。

つまり、あいつら、昔からまったく変わっておらんのですよ!

まずは序章として、私の思いを綴《つづ》ってきたわけですが、本書のタイトルである「やっぱり何かがおかしい」の〝何か〟の正体については、もう皆さんお気づきですよね。ここから先はいくつかの章に分けてメディアが発信してきた「嘘」を皆さんと掘り下げていきたいと思っています。

正直、若い頃はキラキラしたマスコミ業界に憧れていました。あの業界で働きたいって思っていました。

ずっとテレビが好きだったし、今も私はテレビが好きなんだと思います。でも、そこから発せられる情報を鵜呑《うの》みにすると、とんでもないことになります。

最後に某テレビ局の入社式で新入社員に向けられて発せられたと言われている言葉を紹介して序章の締めとしたいと思います。

「日本人は馬鹿ばかりだから我々テレビ人が指導監督してやっとるんです。君たちは報道によって世の中を動かす。日本は我々によって白にも黒にもなる」

第1章

恣意的な報道と捏造への荷担

報道しない自由

ついにトランプ大統領の2期目が始まりました。

2024年アメリカ大統領選挙では共和党が連邦議会の上下両院を制し、トリプルレッドの状態で政権に返り咲くことになったトランプ氏。

選挙では激戦州をすべて制しただけではなく、全米の総得票数でもカマラ・ハリス氏を上回りました。これは共和党の候補者として実に20年ぶりの圧倒的かつ歴史的な完勝だったのです。

しかし、ほとんどのメインストリーム・メディアは投票日の前日まで「大接戦」と予想し、そのように報道していました。

そして、序章でも述べたように、それは日本のテレビも新聞も同じでした。

これが彼らの正体を知る大きな手がかりです。

皆さんは「トランプ大統領が51人のアメリカ人に激怒している」という話を聞いた

2024年11月６日、アメリカ・フロリダ州の集会で勝利宣言するドナルド・トランプ氏。
写真：ロイター/ アフロ

ことがありますか？

もしかすると、トランプ大統領はこの人たちに復讐をするのではないかと、噂になっていたのです。

２０２４年６月９日、ラスベガスで行われた選挙集会でトランプ氏は、「51人のインテリジェント・エージェントは、ラップトップはロシアからのものだと言った。彼らは自分たちがしたことに対して訴追されるべきだ」と発言しました。

この「ラップトップ」とは何か？

わが国風に言えばいわゆる「ノートパソコン」です。

日本ではほとんど報道されませんでし

たが、この「ラップトップ」とは、2020年当時、トランプ氏の対抗馬であるジョー・バイデン氏の政治生命を揺るがす証拠が詰まったものでした。

2020年の大統領選挙の投票直前に漏洩《ろうえい》したバイデン氏の次男ハンター・バイデン氏のものと思われるラップトップの中身です。

このラップトップの中にあったデータについては、2020年10月14日付の『ニューヨーク・ポスト』がすっぱ抜いたのですが、ことの発端はハンター氏がラップトップ（MacBook Pro）を修理に出したことから始まります。

ハンター氏は大事なパソコンをそのまま修理店に置き忘れてしまった。

詳しい経緯は省きますが、要はそのパソコンからハンター氏だけでなく、父親のジョー・バイデン氏にとっても都合の悪い情報が漏洩し、メディア関係者の手に渡ってしまったのです。

ラップトップの中には、公序良俗に反する写真やハンター氏のメール履歴が残っていました。メール履歴には以前から噂されていた外国企業との違法取引を証明するものがあったのです。これはオバマ政権時の副大統領だったジョー・バイデン氏も関与するものでした。

バイデン前大統領と次男のハンター・バイデン氏。写真：ロイター/アフロ

このラップトップの中身に対するバイデン親子の言い分は、「偽物だ！」ということでした。

この件が結局どうなったのか、皆さんご存知でしょうか？

２０２４年の7月のはじめ、ハンター氏は米国保守系テレビ局『ＦＯＸニュース(Fox News Channel)』を、自身の裸の映像を流したことに対し、これを「リベンジポルノにあたる」として提訴したのです。

ハンター氏の裸の映像が流されたのは、ＦＯＸのストリーミングサービス「Fox Nation」で２０２０年に配信された『The Trial of Hunter Biden』という6回シリーズのドラマの中でのことでした。

ＦＯＸ側は「フィクション」と明記していますが、このドラマはトランプ陣営が数年前から問題視している、ハンター氏のウクライナや中国との不正取引疑惑が題材となっているのです。

そのドラマの中にはハンター氏の置き忘れたラップトップの中身の一部、ハンター氏が裸になっている場面など実際の映像も使用されていたのです。

ハンター氏はＦＯＸ側を「リベンジポルノ」として訴えました。

これってどういうことでしょうか？

そう、ハンター氏がこの映像を「本物」と認定しているということです。

そもそもバイデン親子はこのラップトップの中身を「偽物だ！」と主張していたのですから、整合性がとれませんよね。

そして、ハンター氏は訴えた同月の7月21日に、この訴訟を取り下げています。

ハンター氏の代理人弁護士は、訴えを取り下げた理由を明らかにしていませんが、訴訟取り下げと同じ日、ジョー・バイデン大統領は大統領選からの撤退を表明したのです。

ちなみにハンター氏は２０２３年にデラウェア州で起訴されています。

罪状は２つの軽犯罪（連邦税の違反2件）とひとつの重犯罪。この重犯罪というのは銃の違法所持に係るもので、２０１８年に違法な薬物を使用したにもかかわらず、「使用していない」と虚偽の申告をして銃を不法に購入した罪。

２０２４年６月に裁判所の陪審員が有罪の評決を下し、12月中に量刑が言い渡される予定でした。ハンター氏は連邦税の違反２件について有罪を認めることに同意しましたが、結局唯一の重犯罪である銃の違法所持については、公判前ダイバージョン（矯正）プログラムへの参加というシステムを適用して収監を免れ、起訴猶予処分になったのです。

この「公判前ダイバージョン」というのは、連邦保護観察局が監督するプログラムを完了すれば訴追されないというもの。

本来は若者の薬物犯罪者等に適用されることが多いものなのですが、53歳（当時）のいい歳したオジサンになぜかこれが適用されたのです。司法の恣意的な運用としか言いようがありませんね。

さらに２０２４年12月１日、バイデン大統領は声明を発表し、ハンター氏について恩赦を与える書面にサインしたと明らかにしました。

バイデン大統領は、これまでは司法の判断を尊重するとして、ハンター氏に恩赦を与えないと言ってきましたが、２０２５年１月の大統領任期終了を前に、ひっくり返したのです。

さすがに多くのアメリカ国民も「この判断は間違いだ」と非難しています。

バイデン大統領の言い分は、ハンター氏が「大統領の息子だという理由で、ほかの人とは異なる扱いを受け不当に重い罪に問われた」とのこと。

そして「アメリカ国民には、父親が、そして大統領が、なぜこの判断に至ったのか理解してもらいたい」と同意を求めています。

皆さんはバイデン氏に同意できますか？

司法の闇とメディアの闇

トランプ氏の支持者が暴動を起こしたとメディアで報道されている「２０２１年アメリカ合衆国議会議事堂襲撃事件」。これもいまだにさまざまな謎がつきまとっているのをご存知でしょうか？

当時警備を組織していた民主党サイドは、なぜかこの前日に人員を減らして守りを薄くしていたのです。

まるで何かが起きることを知っていて、あえてそれをしたかのように。

乱入者の中にはトランプ支持者ではない人物も多く含まれていました。映像を見る限り、まるで暴動を扇動するかのように率いていた人物はトランプ氏の支持者ではなかったと言われています。

では、この暴動を一体誰が画策したのか？

この合衆国議会議事堂襲撃事件に関する裁判は、この事件が起きた当地であるワシントンD．C．で行われました。

アメリカの裁判の陪審制度というのはその当地の陪審員を採用します。

ワシントンD．C．は民主党がとても強い地域で、この陪審員の多くは民主党支持者が担うことになりました。つまり、トランプ氏に不利な形で裁判が行われるようにお膳立てされたということです。

ハンター氏のラップトップ問題も同じで、ＦＢＩは２０１９年にこのラップトップを入手していたそうです。この中身が大統領選挙に影響を与えると判断したＦＢＩは

ＳＮＳ大手のフェイスブック（現・メタ）にこれに関する情報を検閲制限するように依頼したと言われています。

これに関しては、メタのＣＥＯであるマーク・ザッカーバーグ氏は実際に圧力があったと発言しているので、信憑性《しんぴょうせい》のある話なのです。

ザッカーバーグ氏の書簡ではさらに、大統領の息子のハンター・バイデン氏とウクライナ企業ブリスマに関するロシアの偽情報が２０２０年の大統領選挙に影響を及ぼす可能性について、同社が米連邦捜査局（ＦＢＩ）から警告を受けていたことも明らかにした。

（2024.08.28 CNN.co.jp https://www.cnn.co.jp/）

このラップトップ問題の本丸は、ハンター氏の恥ずかしい映像などではなく、外国企業との癒着や違法取引の証拠で、これが表に出てくるのがヤバいのです。

トランプ氏は何度も弾劾裁判にかけられていますが、その理由のひとつがウクライナのゼレンスキー大統領にバイデン氏の捜査をするように圧力をかけたことが問題視

Metaの最高経営責任者（CEO）マーク・ザッカーバーグ氏。写真：AP/アフロ

されていました。

しかし、トランプ大統領の指摘は正しくて、バイデン氏は当時息子のビジネスには一切関与してないと言っていましたが、これが覆されるであろう内容が先述した『ニューヨーク・ポスト』に書かれていたのです。

それに加えて中国企業との取引でバイデン氏が10％の利益を得ることができる構図になっている「ビッグガイ」と書かれていたメールも出てきてしまった。

まさにこのときは大統領選挙直前、もしこれが表沙汰になればもちろん選挙に影響を与えていたでしょう。

しかしこれは陰謀論としてかき消され、

先述したように、ＦＢＩが直接圧力をかけて、発信と拡散を抑えました。

そして、バイデン陣営は火消しに動きます。

このラップトップが「ロシアの捏造《ねつぞう》である」という主張したのです。

なぜロシアにしたかというと、実はトランプ氏にはロシアゲートと呼ばれる疑惑があったのです。これも結局でっち上げだったんですが。民主党サイドの主張は「大統領時代にロシアと結託してアメリカの国益を損なった」と。

トランプ＝ロシアという悪いイメージをマスメディアを使って広めていたので、このラップトップも「ロシアの捏造」とすれば世間が納得すると思ったのでしょうね。ものすごいゴリ押しですが、結局この路線でラップトップの話も強引に捻じ曲げてしまったのです。

司法当局もこのラップトップが本物ということは知っていたのです。しかし、あれから４年経ってハンター氏は自身の罪を帳消しにしてもらった。

はたしてこの４年間は一体何だったのでしょうか？

それはアメリカだけではなく、世界が失った大事な４年間であったと私は思います。

さて、このラップトップをめぐるいざこざ、つまりマスコミを巻き込んだ罪の隠蔽《いんぺい》と捏造。どこかで聞いたことある話だと思いませんか？

パソコンの中身が本物だ、いや偽物だ、この中身が選挙に影響する、いやしない――。

２０２４年の兵庫県知事選挙での混乱と重なる部分がある。

兵庫県知事選挙の混乱にまつわるメディアの動きが２０２０年のトランプ氏をめぐる混乱のミニチュア版に見えるのは私だけでしょうか。

米国メディアの劣化版コピー

なぜここまで日米のメディアの態度が酷似するのか？　これは日本のメディアがアメリカの劣化版コピーであることを証明しているということです。詳しくは次章で述べたいと思います。

ちなみにバイデン政権は医療行政に関してもＳＮＳ企業に圧力をかけていたと言われています。

具体的にはコロナワクチンをめぐるＳＮＳにおける情報の取り扱いです。コロナが流行し始めた当時、ＳＮＳではこのワクチンに否定的な意見というものをすべて言論封殺していきました。

それが最も厳しかったのがユーチューブだと言われています。ユーチューブは今でもこのコロナワクチンに関して否定的な発言をすると一瞬で動画が消されてしまいます。

デマや憶測ではなく、それがたとえ専門的な医師やファクトを証明するソースのある情報ですらです。

彼らは国連専門機関ＷＨＯ（世界保健機関）の指針に従ってそれを消すか消さないか決めています。そしてＷＨＯというのは実は多くの民間企業からの援助によって成り立っている存在です。

ではその民間企業とは何か。大手製薬会社、いわゆるビッグファームと呼ばれる企業です。大手製薬会社がワクチンを製造し、ＷＨＯがこれに否定的な意見に対して弾圧するように政権に働きかけるというサイクル。

バイデン政権はこのコロナワクチン行政の真っただ中にあったのです。それが円滑に進むことがアメリカの利益でもあったわけです。

日本においてもコロナやワクチンにまつわる報道が公正だったとは言い難いというのは、きっと皆さんも感じているはずです。

それはメディアが権力者の道具、または共犯者ということを示しているのです。

話をハンター氏のラップトップに戻します。

当時多くのマスメディアはこの情報を一切報道しなかったばかりか、ツイッター（現X）社はSNS上のラップトップにまつわる情報を監視し削除を繰り返しました。

ちなみに私もユーチューブでこの話を何回かしたことがあります。しかし、規制がかかったり、実際に動画が消されることもありました。

のちにこのラップトップはハンター氏のものだということが判明し、本人も認めています。

４年前の選挙直前にこのラップトップの話題を多くのマスメディアが報道したのなら、おそらく有権者の投票行動に影響を与えていただろうと言われていますし、悪名が高まり選挙不正もできなかったかもしれません。でもメディアはそれをしなかった。

なぜなら彼らはバイデン大統領誕生を願っていたからなのです。

もちろん日本のマスメディアもこれに追随していました。トランプ氏の誹謗《ひぼう》中傷ばかりで、私がチェックした限りではありますが、公平な報道などなかった。

トランプ氏が有利になるような情報をすべて隠蔽するアメリカのメディアと同じ行動をしていたのです。これが意味するところは何か。

日本のマスメディアはアメリカの左翼メディアのプロパガンダに追随する存在だということです。

これは選挙が終わってバイデン政権が発足してからのことですが、2021年1月、『バイキングMORE』(フジテレビ系)というお昼のワイドショーで、トランプ氏の家族についてネガティブなことを取りあげました。

それに対して北村晴男弁護士がトランプの家族のことを言うなら、ハンター・バイデンの疑惑のことも言うべきだというニュアンスの発言をしたのです。中国からお金をもらっている疑惑や、薬物中毒についても触れました。

司会者の坂上忍氏は焦って「それ来週木曜にやりましょうか!」と遮って早々に話題を打ち切ったのですが、その話題が翌週に取りあげられることはありませんでした。

不当な情報抑制

歴史的な圧勝、いわゆる地滑り的勝利に終わった２０２４年アメリカ大統領選挙。日本のメディアではカマラ・ハリス氏優勢、または大接戦という報道が開票日のその日まで続きました。

これは実はアメリカのメインストリーム・メディアが先行して報道していたことで（アメリカのメディアでも保守寄りのＦＯＸはトランプ推しでしたが）、日本のメディアもこれに追随しています。

蓋を開けてみると、大接戦のせの字も無く、文句のつけようもないレッドウェーブが起きたのは皆さんもご存知のとおりです。

この結果、日本のマスメディアには自身の調査機能などは存在しないこと、アメリカの報道を鵜呑みにしたものを流しているだけに過ぎないことが証明されてしまいました。

なぜなら、現地のリアルな情報を伝えるＳＮＳをチェックしていれば、２年前の中間選挙以来、ずっとトランプ氏が優勢だったことは周知の事実だからです。

日本のマスメディアに見切りをつけ、自ら情報を取りに行くようになった人々からすれば、日本のマスメディアのトランプ氏に対する偏向ぶりはもはや、ツッコミの対象でしかなくなっていましたし、現地情報を得ている人たちの心配は「トランプ氏が負けたらどうしよう」ではなかったのです。「次はどのような手段で妨害してくるのか」「ハリスジャンプが起こるのか」「トランプ氏の命が心配だ」と、圧倒的な支持を受けているトランプ氏の安全と再度の選挙不正を心配していたのですから。

ご承知の方も多いと思いますが、トランプ氏に対する不当な情報抑制は4年前にも行われていたことです。

比較的民主党支持者が多いと言われているシリコンバレーのトップ企業たち、彼らも2020年当時バイデン大統領が有利になるようなネットでの動きを見せていました。マーク・ザッカーバーグ氏は2024年の大統領選挙の中盤でそのことを暴露しています。つまり、民主党からの圧力に屈したということです。ハンターのラップトップでもそうだったのですから、もはや驚きませんよね。

米国のＳＮＳのほとんどがトランプ氏の敵だったのです。２０２１年の連邦議会議事堂乱入事件以降、ツイッター（現Ｘ）、フェイスブック、Snapなどがトランプ氏のアカウントを凍結しています。

しかしトランプ氏の支持者たちは気付いていたのです。情報が捻じ曲げられているということを。

問われるメディアの責任

バイデン氏の次男（ハンター氏）のラップトップの中にあった「やばいメール」が表に出ていれば民主党の画策もすべて吹き飛んでいたはず——。そう考えているのはトランプ氏も同様です。

２０２０年10月19日、51人の元情報当局者たちがとある声明を発表したのです。ジム・クラッパー元国家情報長官、マイク・ヘイデン元国家安全保障局長官・元ＣＩＡ長官、レオン・パネッタ元ＣＩＡ長官・元国防長官、ジョン・ブレナン元ＣＩＡ長官などといった大物たちを含む元情報当局者が、この「やばいメール」に対して疑義を唱えたのです。

要するに、「これはロシアの情報操作による陰謀であり、本物ではない」というお墨付きを与えて、このスクープが拡散しないように圧力をかけた。

結果この情報が公式に表に出ることはなく、バイデンジャンプもまかり通り、バイデン大統領が誕生してしまったというわけです。

だから、トランプ氏は「51人のインテリジェント・エージェントは、ラップトップはロシアからのものだと言った。彼らは自分たちがしたことに対して訴追されるべきだ」と発言したのです。

あくまでも恣意的報道を貫く

2024年7月13日に起きたトランプ氏暗殺未遂事件。トランプ氏は銃撃により右耳を撃ち抜かれましたが、退場する直前に民衆に向かって拳を振り上げて健在をアピールしました。その決定的瞬間の写真はピュリッツァー賞受賞の呼び声も高く、私が思うに2024年最高の一枚となったわけです。

2024年７月13日、ペンシルベニア州バトラーでの選挙集会で襲撃されたドナルド・トランプ氏。写真：AP/ アフロ

しかしシークレットサービスや警備の人たちがなぜこの男性が引き金を引くまでそれを見守っていたのかなど、謎はいまだに残っているものの、この一件によりトランプ氏は勢いを増したとメディアでは言われています。

これもまたフェイクニュースで、そもそもカマラ・ハリス氏は常に劣勢だったというのが、報道されないリアルです。

私はこの時点で「トランプ氏は勝った！」と確信したのですけれども、この件を日本のマスメディアはどのように報じていたのでしょう？

『サンデーモーニング』（ＴＢＳ系列）は、この事件の翌日、トップニュースでこの件を伝えたのですが、番組では銃声のような音とともにトランプ氏が右耳を押えてかがみこむ映像などを放送しました。

キャスターの膳場貴子氏と薮中三十二《みとじ》元外務事務次官とのやりとりで、膳場キャスターによる「プラスのアピールにもなりかねない、という感じもしますね」という発言がXで大炎上しました。

プラスのアピールにもなりかねない――。このコメントにはトランプ氏に当選してほしくない、当選するのは不本意という意向が表に出てしまっています。

トランプ当選が確実となった瞬間、お通夜状態になった日本のマスメディア（テレビ）は、カマラ・ハリス氏が負けるはずがないと思っていたのでしょう。

実はこの事件ののちも二度暗殺未遂事件が起きていて、トランプ氏はその在任時そして下野時も含めるとおそらく歴代で最も命を狙われた大統領になるであろうと言われています。

7月13日に狙撃されたとき、トランプ氏は手元にあった移民問題の資料を見ようと首をかしげたので、弾道から逸《そ》れて命拾いしました。

トランプ氏は不法移民に強硬的な態度をとる人物として知られています。実際に国境に壁を作りました。私たちが勝手にイメージしている「自由の国アメリカ」からは程遠い措置ですが、バイデン政権がスタートしたとたんにこの壁を撤廃すると宣言し、同時に移民にまつわる多くの法律を緩和しました。

結果どうなったかというと、不法移民が押し寄せてアメリカ国内に溢れたのです。国境地域の治安は悪化し、また大都市に多くの不法移民が流入。正規の手段で移民した人々やアメリカ国民がこれを不満に思わないはずがありません。結果バイデン政権は国境の壁の工事再開と移民政策緩和から引き締めに舵を切り直したのです。

現実を陰謀論にするメディア

「シルスビー事件」というのを皆さんは聞いたことがありますか。

ハイチで2010年1月に起きた大地震の直後、ハイチ人の子ども33人を連れ出そうとした米バプテスト派の宣教団体「ニュー・ライフ・チルドレンズ・レフュージ」の活動家10人が逮捕された、という事件です。

「ニュー・ライフ・チルドレンズ・レフュージ」の指導者であるローラ・シルスビー

氏は仲間たちとともに、地震被害にあった子どもたちを、隣国ドミニカで運営している孤児施設に収容しようと、バスで連れ出したところを国境付近で警察に阻止され、人身売買の疑いで身柄を拘束されました。

ハイチでは、震災孤児の人身売買や違法な養子縁組への懸念が高まっており、警備が強化されていたのです。

リーダーのローラ・シルスビー氏は公判で「子どもたちは両親を失ったと思った」と弁明しました。

「ドミニカ共和国政府から、私たちがドミニカで運営している孤児施設に子どもたちを連れてゆく許可を得ている。私たちは、ポルトープランスで孤児施設を運営しているバプテスト派の宣教師から、施設が今回の地震で壊滅したので、ドミニカの施設へ収容するよう依頼されたのだ」というのがローラ・シルスビー氏の言い分です。しかし、子どもたちの親はシルスビー氏たちが子どもたちを教育し訪問も認めるというので子どもたちを引き渡したと言ったそうです。

つまり、「両親を失った」というローラ・シルスビー氏の発言と整合性が取れないのです。

実際にはアメリカに子どもたちを連れて行き、養子縁組を希望する両親を見つけるつもりだったようで、ハイチの親たちに説明していた「ドミニカ共和国でちゃんと面倒みる。いつでも会いに行けるし、ハイチの家族の状況が落ち着いたら家に戻ってこられる」と嘘をついていたということが判明したのです。

結果この団体は国境地域で逮捕拘束されるのですが、当時の国務長官ヒラリー・クリントン氏が、このことが国際問題となることを危惧し、彼女たちに助け船を出して、結果彼女たちはアメリカに戻ることができました。

実は、この件に関わるヒラリー・クリントン氏のＥメールの一部がウィキリークスに流出し、現在でも閲覧可能状態になっています。

具体的には、当時のヒラリー氏の側近であったフーマ・アベディン氏がローラ・シルスビー氏に関わる内容をヒラリー氏に送り続けていたということが、暴露されました。

そのメールの中にはシルスビー氏の組織がハイチの孤児たちをドミニカ共和国へ連れ出すプロジェクトのことが記載されていたのです。その中には、子どもを移送するために実際にどれだけの費用がかかるかを見積もったメールも含まれていました。

孤児とはいえ、外国に勝手に連れ出すのはもちろん違法です。

シルスビー氏はヒラリー・クリントン氏の後ろ盾を得てこの活動をしていたのではないか？　そんな疑惑が一部で囁《ささや》かれているのです。

民主党はリベラルという名のもとに移民緩和政策を推し進めていましたが、その結果アメリカ国内には多くの身寄りのない子どもたちが増加しました。

アメリカでは年間何万人もの人が行方不明になっていますが、その半数が若者や子どもだと言われています。

シルスビー事件からはヒラリー氏が関与していると噂される人身売買の闇が、そして民主党が推し進めている移民緩和政策との関与が匂ってきます。

そして実はトランプ氏はヒラリー氏を公の場で「人身売買の親玉だ」と非難したことがあるのです。

当時アメリカのメインストリーム・メディアは「とんでもない陰謀論」だとしてトランプ氏を激しく非難しましたが、トランプ氏は何かをつかんでいたのでしょうね。

アメリカの人身売買の闇を深掘りするのが目的ではないので、このへんにしておきますが、メインストリーム・メディアは社会の闇を暴くことはしない。隠蔽に力を貸す側なのです。

一般的にリベラル色が強い地域、正確には民主党が強い地域では、法律が改正され、不法移民が運転免許証という形でIDを手にすることができるようになっています。これは2019年にニューヨーク州で成立した「運転免許証アクセスおよびプライバシー保護法（通称グリーンライト法）」によるもの。それ以降アメリカ各州ではニューヨーク州に追随する動きが活発化しました。

現在は免許証というIDだけですが、将来的には選挙権も付与しようと活動しているリベラル派の議員がたくさんいるのです。

不法移民が国内に増え、選挙権を手にしたら誰が得をするのかは明白です。

悪者演出と美談演出

2009年、アメリカ合衆国第44代大統領バラク・オバマ氏は「核無き世界」に向けた国際社会への働きかけを評価されノーベル平和賞を受賞しました。

しかし、オバマ氏が受賞したのは大統領就任から1年も経っていない時期で、「核無き世界」と言っただけで、核廃絶に向けてまだ何もやっていないに等しい状態。ゆえに世界中から「そんな資格ないだろ！」と言われていました。

彼がノーベル平和賞にふさわしいかどうか。

それについてのひとつの回答がメディアから提示されたのは２０１４年のニュース映像。ＴＢＳのニュースでフランスで開催されたノルマンディー上陸作戦70周年記念式典の様子が放映されました。

このイベントはいわゆる第二次大戦の戦勝国のお祭りです。欧州をはじめ約20カ国の首脳が参加しました。会場の大スクリーンには日本へ原爆を投下する映像も流され、原爆のキノコ雲に会場は拍手に包まれました。

このイベントにはオバマ大統領も参加しており、核無き世界を提唱する彼はガムを噛みながら拍手していたのです。別のカメラはロシアのプーチン大統領も撮影しており、プーチン大統領はその瞬間、神妙な面持ちで十字を切ったのです。

オバマ氏が大統領だったのは２００９年1月20日から２０１７年1月20日の２期８年です。歴史教科書にはノーベル平和賞を受賞したと書かれるでしょうし、核廃絶を推進し広島を訪れたことも書かれるかもしれません。しかし、原爆投下の映像を観て拍手したことは絶対に書かれないと思うのです。

オバマ氏の奥様であるミシェル・オバマ氏は未来の女性アメリカ大統領と期待され、今もその名前が挙がります。

ホワイトハウスをトランプ氏に明け渡した日、彼女は大統領専用機で最後に移動した機中で「こらえ切れず、ドアが閉まってから30分間ずっと泣き続けた。どうしようもなく、ただ泣きじゃくっていた」と告白しています。

その理由はトランプ氏の就任式典に参加し、「壇上の席から見えたのは私たちが体現していたのとは正反対の光景で、多様性も米国の幅広さも見当たらなかった」からだそうです。

一般的にオバマ氏は真摯《しんし》でミシェル夫人は大いなる母性とユーモアの持ち主でクレバーな人物だと評されています。しかしトランプ氏に対するこの偏見、果たしてオバマ夫妻に、米国の幅広さや多様性があったと言えるのでしょうか？

正義の人とも言われているオバマ元大統領もまた、トランプ氏の大統領復帰を強く拒んだひとりで、大統領選挙中もトランプ氏を強く非難していました。

もちろんトランプ氏だって聖人ではありませんし、ときに間違ったことも、暴言ともとれることを言います。

しかし、オバマ氏も多くのメディアと同じように反トランプの立場にいたということは、彼がどこに属していたのかの証明でもあるのです。

トランプ氏は4年前から「選挙が盗まれた」と言っていました。

日本では多くの人が「トランプは頭がおかしい」と思っていたかもしれません。しかしアメリカではバイデン政権がスタートしてからも、トランプ氏の人気は揺るがなかったし、多くの人が「選挙が盗まれた」と感じていたのです。

2020年の大統領選挙で敗北を喫してトランプ氏は下野しましたが、権力を失っても、さまざまな弾圧は止まりませんでした。

トランプ氏の自宅をFBIが急襲して家宅捜査したこともありました。バイデン政権、いわゆる民主党側は、下野して権力を失ってもトランプ氏が怖かった。ゆえに立ち直れないほどに叩きのめす必要があったのでしょう。もちろん、メディアもそこに荷担しました。

しかしトランプ氏はこの4年間、再び敗北するようなことが無きように綿密に計画

2024年10月27日、トランプ氏の選挙集会で演説するイーロン・マスク氏。写真：AP/アフロ

を練っていたのでしょう。

それは特にマスメディア対策において。

今回、タッカー・カールソン氏とイーロン・マスク氏という時代の寵児《ちょうじ》を仲間にすることに成功したのです。

イーロン・マスク氏はツイッター社を買収し「X」と名前を変えました。今から思えば、これはトランプ応援の布石だったのでしょう。

イーロン・マスク氏はもともと民主党支持者でしたが、そのあまりの経済音痴ぶりに愛想を尽かし共和党支持に鞍替《くらが》えしたと言われています。

自身の企業を続々と共和党王国であるテキサスに移住させたのもそれが原因だとい

2025年1月20日、ドナルド・トランプ大統領の就任式に出席する政治評論家のタッカー・カールソン氏。写真：代表撮影／ロイター／アフロ

うことです。

４年前にツイッターがトランプ氏の言論を封鎖したこと、イーロン・マスク氏はあのようなことが二度と起きないように着実にXを変えていきました。

もともとリベラル寄りの主張が強かったツイッターはイーロン・マスク氏の買収によって様変わりし、私たちにとっては中立、左派にとっては極右的な言論の場へと変貌しています。

結果、２０２０年のようにトランプ氏が不利になるような情報隠蔽というものは今回の大統領選挙では見られなかったのです。

これもトランプ氏の圧勝に寄与してい

るのは言うまでもありません。

暴かれる不正

２０２０年の大統領選挙の不正。これは選挙後に各所からさんざん言われていましたが、結局はうやむやになってしまいました。

それが今回の大統領選挙が始まる前に表に出てきていたのです。激戦州の有権者登録で組織的不正があったと、多くのメディアが報道しました。

トランプ氏の根回しが功を奏したこともあるでしょう。バイデン氏が出馬を取り止め、仕事ができないことをメディアに叩かれていたカマラ・ハリス氏の出馬表明。そして揺るぎないトランプ人気――。民主党には勝ち目がないと見切りをつけ、２０２４年の中盤には一部のメディアが態度を変え始めたことも理由のひとつです。

「バイデンジャンプ」という言葉が２０２０年に大変流行しました。

激戦州でトランプ氏優勢だった得票数が一晩明けると急激にバイデン票が伸びてト

ランプ票を上回ったのです。これは郵便投票のカウントがされていなかったので、そこに加わっただけだという説明でしたが、常識で考えたらおかしいですよね。

郵便投票が加算されたなら、トランプ氏の票も伸びなければおかしい。なのに伸びたのはバイデン氏だけだったのです。

さらに常識で考えておかしいのはふたりの得票数です。このことについてメディアは何も言わないですし、追及もしませんでした。報道によれば2020年のバイデン氏の得票数は8100万票です。これって、大統領選挙における歴代最高得票数なのです。

しかし、バイデン氏はそんな数字を取れるほどの人気者ではなかった。それまでの歴代最高は、初当選時のオバマ氏で6297万票。いかにバイデン氏の得票数が異常かがわかります。オバマ氏より2000万票近く多い。負けることになったトランプ氏の得票数は7400万票。負けたのにかつての歴代最高のオバマ氏より多いのです。

しかし、常識で考えてみれば明らかに「おかしい」ことを指摘すると「陰謀論者」とレッテルを貼られる。それが可視化されたのが2020年の大統領選でした。

第1章ではメディアに敵視されるトランプ氏と２０２０年の大統領選挙にまつわる疑惑について振り返ってみました。このことからわかるのは、圧倒的に支持されている候補が勝つわけでもなく、正しい主張をする候補が勝つのでもないということです。不正を隠蔽し、メディアをコントロールするほうが勝つのです。

トランプ氏が復権したことにより、２０２５年はアメリカに巣くう闇が次々とめくられていくことでしょう。これからの４年間、陰謀論や都市伝説というレッテルを貼られ、追及すらされなかった闇、それに関わって正義面をしていたメディアはどう立ち回るのでしょうか？

私たちはその姿をしっかりと見ていかなくてはなりませんね。

第2章

ニューメディアとオールドメディア

日本のドナルド・トランプ

齋藤元彦氏は日本のドナルド・トランプである。

そんなことを言うと「そんなわけないだろう」と叱られるかもしれません。でも、「私もそう思っていた」と膝を叩いてくれる方もたくさんいるような気がしています。

なぜなら、このふたりには共通点があるのです。

どこが似ているか？ もちろん顔が似ているというわけではなく、経歴が似ているというわけでもありません。

このふたりの共通点はマスメディアからの叩かれ方です。

ふたりともテレビや新聞といった主要メディアからは執拗《しつよう》に叩かれています。公平に報じられているのなんて、ほとんど見たことがないですよね。

逆にこのふたりのインターネット界隈での人気は抜群です。ちょっと検索するところのふたりを擁護する記事や、褒め称えるような動画がごまんと出てきます。

一体、彼の何がそこまで民衆を惹きつけるのか？

2024年10月31日、神戸市中央区で街頭演説を行う斎藤元彦氏。写真：Pasya/ アフロ

日本人の気質として、判官贔屓《ほうがんびいき》というものがあります。

由来は源義経のエピソード。兄の頼朝の怒りを買い、滅んでしまった。このことに人々が同情を寄せたことから。

判官贔屓はご承知のとおり、不遇の英雄、弱者や敗者、また実力や才能はあるのにしかるべく待遇の得られない者たちに同情心や贔屓心をもつこと。

日本人は負けている人、負けているチームを応援しがちです。もしかすると先の兵庫県知事選でも、その力が多少は働いたのかもしれません。しかし、そのような視点で兵庫県知事選を総括しては、本質を見誤ります。

そもそもなぜ、齋藤氏は、エビデンスを無視した〝伝聞の疑惑〟であそこまで執拗にマスメディアに叩かれなければいけなかったのか。

第1章で詳しく述べましたが、ドナルド・トランプ氏も同様で、2024年のアメリカ大統領選挙で圧倒的な結果で再選を果たしたものの、2020年の大統領選で敗れてからの4年間、彼は自宅をFBIに強制捜査され、何度も裁判の場に呼び出され、史上最悪の大統領というレッテルを貼られ、メディアに叩かれ続けました。

兵庫県知事選の少し前、日本では衆議院選挙が行われました。

本来だったらすべての日本人の生活に直結している衆議院選挙にこそ、人々は熱狂するはずでしたが、蓋を開けてみれば兵庫県知事選のインターネットでの盛り上がりは衆議院選挙以上でした。

私が知る限り、インターネットでは、今までで最も盛り上がった選挙となりました。齋藤氏が再選をかけたこの選挙は、私が思うにアメリカ大統領選挙と酷似していました。そうあの時の齋藤元彦氏は、私にとって、まぎれもなくドナルド・トランプ氏だったのです。

文書告発問題をめぐる県政の混乱を発端とした兵庫県知事選。齋藤元彦氏は、不信任決議を全会一致で可決した県議会を解散しませんでした。

失職を選び、出直し選挙というかたちで県民に信を問うた齋藤氏。その決断をしたとき、マスメディアは齋藤氏の出直し選挙に対し、否定的な報道をしました。

つまり、齋藤氏は「疑惑をいまだ払拭できていない」「知事の資格はない」というニュアンスで一斉に叩いたのです。

齋藤氏は失職の次の日から、駅前で辻立ちを始めました。しかし、当初は聴衆もまばらで、熱狂というにはほど遠い状況だったようです。その1カ月後、私たちはとんでもない奇跡を見せつけられることになるのです。

齋藤県政とは何だったのか？　兵庫県政とはは何だったのか？　それはこの章の主題ではありませんが、この件に関してメディアによるフラットな報道は見当たりません。しかし唯一、『週刊現代』だけが他のメディアとは異なり、兵庫県政に切り込んで深い取材をしていました。現在（2025年2月6日）でも、『週刊現代』の公式Xアカウントで記事が全文公開されています。

まずはことの経緯を『週刊現代』の取材記事をもとに遡ってみたいと思います。

２０２０年11月、当時兵庫県の自民党県議団は井戸敏三知事の後継候補である副知事の擁立を巡って意見が割れていたと言われています。

井戸知事が「副知事でまとめてほしい」と自民党県議団に直接に指示を出し、これに反発した党内の有志が大阪府財務部財政課長だった齋藤氏の擁立に動いた。

しかしこのことはすぐに井戸知事と自民党県連幹部に伝わり、自民党県連は井戸氏の引退表明に合わせて副知事支持を大々的に表明した。

齋藤氏は２０２１年８月の兵庫県知事選に出馬し当選するのですが、これは自民党有志に大阪維新の会が乗ってきたからです。齋藤氏は大阪維新の会とも縁があります。大阪府財務部財政課長としての仕事ぶりは吉村大阪府知事に信頼されていました。大阪府は本来だったら2年で齋藤氏を総務省へ返さなければいけなかったのですが、吉村氏の肝いりで出向期間が延長になっていたそうです。

自民党兵庫議連の改革派と大阪維新の会が手を組んで齋藤氏の兵庫県知事選立候補が実現し、齋藤氏は２０２１年の兵庫県知事選で対立候補に25万票の大差をつけて当選しました。これはいままでの県政に対する兵庫県民の不満の表れと言えます。

知事に就任した齋藤氏は改革に着手します。地域整備事業と分収造林事業による合計1500億円規模の隠れ借金問題の見える化もそのひとつ。

民間の乱開発を防ぐためあらかじめ県が土地を買い取り開発する地域整備事業はバブル崩壊後の地価下落で大変な負債となっていたのです。分収造林事業も同じで木材が売れなくなるにつれて負債は拡大していました。

このことが表沙汰になるのは、兵庫県政史上最多の5期20年も知事を務めた井戸氏の面子《メンツ》を潰《つぶ》すことになります。

しかし齋藤氏は県の財政を圧迫するこの負債を見逃さなかったのです。

借金の見える化と返済への取り組みは当然であり、まったく間違ったことはしていません。しかし井戸派の人たちにとっては、今まで隠してきた闇を明るみに出されることになり、県議もそれを見逃してきた責を問われるのは言うまでもありません。

また、齋藤氏は県の外郭団体役員に対し定年規定の厳正適用に取り組みました。兵庫県の内規で65歳定年でしたが、井戸県政ではなし崩し的に70歳以上まで延長されていたのです。外郭団体役員というのは県庁幹部の天下りポスト。せっかく延ばした既得権がいじられるのですから、反発は必至です。

齋藤氏の1期目での取り組みで最も注目したいのが、県庁舎の建替計画を凍結したこと。防災機能や働き方改革を志向したコンパクトな県庁舎再整備に計画を変更し、事業費1000億円を実質半分程度にするというものです。

老朽化した県庁舎の建て替えは避けられないため、在宅勤務が普及する時代の流れに合わせコンパクトな庁舎への計画に変更するというものでしたが、兵庫県職員労組が「職員定数の削減につながる」と反発。井戸県政において決定された建て替えを当てにしていた建設業界も巨額の計画が凍結されてしまったら困ります。

また、齋藤氏は県立大学の授業料等無償化にも取り組もうとしていました。『週刊現代』（2024年10月26日・11月2日合併号）によれば、この授業料等無償化に地元選出の重鎮国会議員が強く反発したとのこと。

「その重鎮にとって、高等教育の無償化は自分が成し遂げられなかった悲願。それをポッと出の40代の若造が、根回しもなく進めようとした。『俺を差し置いてどういう了見だ。やっぱり維新絡みの知事は信用できない』と怒り、それ以来、反齋藤の急先鋒となった」（前出と別の県幹部）

この重鎮を含む兵庫県選出の自民党国会議員は、県知事選では全員が齋藤支持だったが、この件を機に離反が相次いだ。維新と近い当時の菅義偉総理の意を受けて、齋藤支持の流れを作った西村康稔衆院議員が、裏金問題で党員資格停止となり「地元の国会議員の抑えが利かなくなった」（同）ことも影響した。

既得権益に浸《つ》かっていた前県政の人々からすれば、齋藤氏の改革は平穏な日常をぶっ壊すクーデターに見えたのかもしれません。しかし、県庁の外から見れば至極真っ当なことにしか見えません。

洗脳された国民

私は齋藤氏を「敵」と見なす人たちが多すぎることに違和感を持ちました。テレビはメインキャスター、アナウンサー、コメンテーターにいたるまで全部敵。県会議員は左右イデオロギーを問わず全部敵（増山誠氏を除く）、左翼系フリージャーナリスト、

2024年11月16日、兵庫県神戸市内。写真：アフロ

左翼活動家、元宮崎県知事と多岐にわたるのが不思議でした。

あまりにも敵が多すぎるのです。

県議会で不信任決議案が出される直前、テレビのワイドショーでは齋藤知事の「おねだり疑惑」と「パワハラ疑惑」が疑惑というより、「事実」かのように報道されていました。

のちにこれらの報道の多くは誤りやそもそもの証拠がないものであったということがＳＮＳなどによって証明されますが、テレビでこれが「事実」として流された影響は大きすぎます。だって、日本中が「齋藤さんはとんでもない知事だ」って洗脳されてしまったのですから。

当時私も「齋藤氏はどうして自らその職を辞さないんだろう」と不思議に思っていました。報道されているようにとんでもない人物なのだとしたら、彼はなぜ権力の座にそこまでしがみつくんだろうと。おそらく多くの日本人がそのように感じていたと思います。なぜならそれがテレビや新聞で流されていたから。

齋藤知事には「パワハラ」というレッテルが貼られました。現在では証拠がないということや、でっち上げという認識がネットを中心に広がっています。しかし、それを「事実」として広めたテレビや新聞は、自らの報道姿勢の間違いを認めていません。序章で引用したセリフを思い出してください。最初に戻るのは大変だと思うので、もう一回ここで記します。

「テレビは洗脳装置。嘘でも放送しちゃえばそれが真実」

このパワハラ疑惑ですが、実際に兵庫県庁で県職員向けにアンケート調査が実施されたのです。

アンケートの中間報告が出された2024年8月に「パワハラを見聞きしたのは4割の職員」とマスメディアが報道したのですが、実際にはパワハラを見たことがある、聞いたことがあるというような伝聞系の回答もイエスに含めているので4割になっているのです。

しかもこのアンケートは、「誰」でも、ひとりで「何度」も、答えられる仕組みになっていました。2024年10月11日に最終結果が公開されましたが、アンケート項目「【Q7】知事のパワーハラスメントについて」の回答は、A：目撃（経験）等により実際に知っている 2・1％、B：目撃（経験）等により実際に知っている人から聞いた 11・9％、C：人づてに聞いた 28・4％、D：知らない 57・6％。回答期間は2024年7月31日～8月14日。回答件数は6725件、内訳はインターネットによる回答が6664件で、郵送による回答は61件でした。

アンケートの仕組みの杜撰《ずさん》さ、数字のトリック、ツッコミどころが満載で、これが証拠にならないことは明白。でも、マスメディアはこれを使って、圧倒的な影響力をもって、「パワハラ知事」という虚像を作り上げ日本中の人々に浸透させました。

トランプ氏もマスコミによって「人種差別主義者」だの「女性差別主義者」だのい

ろいろレッテルを貼られていましたね。さらには「アメリカを分断させた張本人」とか。私のまわりでも、これを信じている人がけっこういました。

ではそもそもの齋藤元彦氏のパワハラの話はどこから出たのか。それは２０２４年３月に、ひとりの県職員幹部（元県民局長）が各所に送った文書がはじまりです。

その県職員幹部は百条委員会直前に自らの命を絶ちました。そこから齋藤氏への逆風は強まり、マスメディアは齋藤氏に「部下を自殺に追い込んだ知事」という新たなレッテルを貼り糾弾し始めることになります。

県職員幹部がマスコミや警察を含めた各所に文書を送ったのは２０２４年３月のことで、３月15日には各所に届いていたことが明らかになっています。

この文書には送り主が書かれておらず、その内容はほかの県職員も含めて多くの個人情報が記載されたもので県サイドもこれを重く捉え、差出人を特定しました。

県職員幹部は特定されたのちの４月４日に、あらためて内部告発を公益通報窓口に届け出たのです。

これがのちに「公益通報つぶしだ」「公益通報にはあたらない」と論争になるのですが、マスメディアは、３月の無記名の告発文書を「公益通報」と断定して報道し、齋藤氏を執拗に糾弾します。

「公益通報か否か」については、弁護士の徳永信一氏が早い時点で「3月の文書は公益通報にあたらない」とXで明確に解説されていましたが、マスメディア側は3月の無記名告発文書を「公益通報」と決めつけました。「決めつけた」というのは、マスメディアが「公益通報か否か」という部分にはまったく触れなかったからです。

つまり「齋藤知事は公益通報者保護法違反」というストーリーを描いていたから、曲げるつもりも、検証するつもりもなかったことが窺《うかが》えるのです。

このことは齋藤氏が再選し、年が明けて2025年になってもメディアは姿勢を変えていませんが、2024年8月20日に行われた兵庫県議会の「警察常任委員会」で、県議の「外部通報として受理しているのか?」という質問に対して県警の担当者は「現状では、公益通報としての受理には至っていない」と発言していることが明らかになっています。

百条委員会の設置についても県議会で一部議員からまだ時期尚早なのではないかという批判も上がっていましたが強行されました。

すでに告発文の事実関係を精査する第三者委員会が発足していて、その調査結果が出る前に、なぜ百条委員会が設置される必要があったのか。その明確な理由はありません。ゆえに齋藤氏を失職させるシナリオありきの百条委員会設置だったのではないのかと、日本中から疑われるのです。

しかも、兵庫県議会は百条委員会を設置したにもかかわらず齋藤氏の疑惑についての結論を出す前に、議会で齋藤氏の不信任決議案を全会一致で可決しました。

本来だったら百条委員会の結果をもって不信任決議案を出すのが道理です。そのための百条委員会であるはずなのに、それを飛ばした。この不都合に対してマスメディアは一切異議を唱えないのです。やっぱり何かがおかしい。

検証なき報道

マスメディアは「パワハラ」と合わせて、齋藤氏に「おねだり」というレッテルを貼り糾弾したことは先に述べました。おねだりのアイテムは革ジャン、ワイン、カニ、浴衣などなど。齋藤氏は行く先々でこれを地域の有力者や企業、生産者たちに「おねだり」したということになっています。

しかし事実はそれと大きくかけ離れていました。おねだりを受けてものを渡したと報道された当事者たちが「そんなことはしていません」と次々に表明したのです。

ちなみにこのおねだり報道の発端となったのは、反齋藤派の兵庫県会議員のインターネット投稿でした。マスメディアは当該議員の発信を検証もせずに、パワハラ同様に「事実」として、一斉に報道しまくったのです。

しかし我々一般市民にとっては、コトの真偽というものは検証する術《すべ》もなく、マスメディアの報道を信じるしかありません。いやいやまさか、テレビ局が検証もせずに報道しているなんて思わないじゃないですか！

しかし、私たち一般人にとってはいい時代になったとも言えます。捏造報道に巻き込まれた当事者なり企業が、「いや、それ違いますから」「その人はそんなことしていませんよ」とインターネットで発信でき、それをキャッチしたインフルエンサーが多くの人に広める仕組みがあるからです。

そしてネット民の集合知の前では、取材も検証も甘々で恣意的報道に終始するマスメディアの嘘など簡単に暴かれてしまうのです。

「なぜ齋藤さんはここまで叩かれているのだろうか」

その疑問は私の中でだんだん大きくなりました。

それは約4年前にトランプ氏がメディアで「暴君だ」「裸の王様だ」と叩かれまくっていたことを彷彿《ほうふつ》とさせ、「もしかして齋藤さんも」と思うに至ったのです。

トランプ氏は強引なイメージがありますが、それとは裏腹に歴代大統領でも数少ない「戦争をしなかった大統領」でもあるのです。

これは一般アメリカ国民にとっては非常にいいことなのですが、アメリカを支えている軍産複合体にとってトランプ氏は「使えない」存在なのです。

なぜなら戦争はめちゃくちゃ儲かるからです。それを実行してくれるリーダーが、民主党、司法、軍産複合体、ウォール街といった既得権益保持者、トランプ氏言うところのディープ・ステートにとっては良きリーダーなのです。ゆえに、メディアを使って叩きまくった。

アメリカの事情と比べると、いささかスケールが小さいですが、齋藤県政が改革しなかったら続いていたはずの既得権益。これが新参者によって消滅させられようとしている。ゆえに私には、既得権者たちが在阪メディアを使ってこれを叩かせたという構図に見えたのです。

実際にパワハラ疑惑に確たる証拠が無く、おねだり疑惑が嘘だったということが判明したとき、これが確信に変わりました。

これは兵庫県だけの話ではないと思うのです。自分たちの自治体でも大なり小なり同じようなことが起きていると思ったほうがいいかもしれないのです。そしてメディアの報道も安易に真に受けてはいけないという教訓でもあると思うのです。

ラップトップとノートパソコン

トランプ氏と齋藤氏の共通点をもうひとつ。それはノートパソコンです。ハンター・バイデン氏のラップトップ（ノートパソコン）に残されていたデータ。そこには父親であるジョー・バイデン氏の汚職を証明するデータだけでなく、ハンター氏本人が写っているいかがわしいデータもありました。汚職データの存在をマスメディアは隠蔽し、バレるとロシアの仕業という嘘を流布しました。

百条委員会の奥谷謙一委員長は県職員幹部が使っていて回収されたノートパソコン

（県の備品）の中身について執拗に「関係ない」「検証する必要はない」と主張し続けていました。しかし、その内容は兵庫県知事選に参戦した立花孝志氏によって多くの人に知られることになりました。

県職員幹部は3月の告発文を県庁備品のノートパソコンで作成したとなっています。そのパソコンの中には告発文作成にまつわるさまざまな証拠データだけでなく、県職員幹部の私的な倫理上問題のあるデータがありました。仕事用に貸与されているパソコンに私物のデータを入れるのは当然ながらNGですよね。

私的な倫理上問題のあるデータについては、立花氏の発信だけでなく、県職員幹部からノートパソコンを回収した片山安孝元副知事が、百条委員会で証言しています。途中で議長である奥山委員長に遮られている映像がユーチューブで確認できます。

トランプ氏と齋藤氏、ともにPCに残されたデータがキーになるという共通点があるのです。そしてメディアがこのことについて「報道しない自由」を駆使しているという点も同様です。

ノートパソコンの中身について発信した立花氏は候補者であり、政党党首であり、多くの登録者がいるユーチューバーでもあります。マスメディアに頼らなくても一次情報を多くの人に伝える発信力をもっています。その発信力は地方局テレビや地方新聞レベルでは太刀打ちできないのではないでしょうか。

マスメディアに頼ることなく、多くの人にＳＮＳで発信していたのがトランプ氏でした。メディアに切り取られて偏向報道される前に自らＳＮＳで発信してしまうのですから、メディアはたまったものではありません。ゆえに、ツイッター社（現Ｘ）はアカウントの永久凍結という言論統制に出たわけです。

齋藤氏のＳＮＳによる発信力はそれほどではありませんが、援軍である立花氏がそれを担っていたと見ることができるでしょう。

立花氏のようにＳＮＳを個人メディアとして使いこなす発信者に加えて、忘れてはいけないのがＳＮＳを拠点として発信するスモールメディアの存在です。これが偏向するマスメディアの検証装置になっているのです。高橋弘樹氏が立ち上げた政治・経済メディア「ＲｅＨａｃＱ（リハック）」が、兵庫県知事選挙においてフラットな視点での取材、情報発信を行っていたことの意義はとてつもなく大きいと、皆さんも認識しているのではないでしょうか。

面白いのは、マスメディアが尺が短いことに対し、スモールメディアは尺が長いということと、高橋氏の取材対象を引き出す力も相まって「ReHacQ」がインタビューするだけで、見る人が見れば「あれれ～おかしいぞ～」と名探偵コナンのセリフではないですが、「この人あやしい！」とわかってしまうこと。

当初、立花氏は齋藤知事をめぐるさまざまな事象について、齊藤健一郎議員や浜田聡議員から情報を得ていましたが、「ReHacQ」による兵庫県議会百条委員会委員長の奥谷謙一議員のインタビューを観て、齋藤氏が嵌《は》められていることを確信したと言っていました。「ReHacQ」の高橋氏は、ノートパソコンの中身について「関係ない」「検証する必要はない」「中身は見ていない」と言う奥谷委員長に、見ていないのになぜ、必要ないと言えるのかという視聴者の疑問を繰り返し問いかけたのです。

メディアに代わって真実を明らかにする

兵庫県議会で不信任決議案が出され、議会を解散させることなく失職した齋藤氏。当初マスメディアの予測では再選は無理だろうと報道されていましたし、既存政党の後ろ盾もなく完全無所属での出馬は、誰の目にも勝ち目がないことは明白でした。

2024年10月31日、神戸市内で街頭演説を行う立花孝志氏（NHK から国民を守る党・党首）。写真：Pasya/ アフロ

そんな中、兵庫県知事選に立候補したのが「ＮＨＫをぶっ壊す」でおなじみの立花孝志氏。ご両親が淡路島出身で、立花氏自身も兵庫県に住んでいたことがあり、縁もゆかりもある方です。

そしてあろうことか「私は当選を目的としていない、真実を明らかにするために立候補する」と表明したのです。街頭演説では「私に投票しないでください」とも。

もちろん、都知事選などでは、当選する見込みのない方が昔から出馬していました。供託金と広告費を秤に掛けたらリーズナブルにＰＲができるということでもあるのでしょうけれど、立花氏の出馬目的はまさに前代未聞。嘘を暴くための立候補。

この立候補は「二馬力選挙」と相手方とメディアに批判されることになります。そしてこれが反齋藤派をある意味でぶっ壊すことになる選挙戦の始まりだったことは、皆さんもご承知でしょう。

立花氏は「齋藤氏は嵌められたんだ」と主張し、自身の発信力を使いメディアと兵庫県議会を徹底的に批判しました。その主張はＳＮＳでバズりにバズり、地方の県知事選挙が先の衆議院選挙よりも注目されることになりました。

案の定、マスメディアは立花氏の主張やその存在をスルー。

立花氏はＡＢＣテレビの情報番組『ｎｅｗｓ おかえり』（関西ローカル）の兵庫県知事選立候補予定者討論会において、当初依頼があった生出演から、ＶＴＲ収録での出演に変更になったことをユーチューブで発信しました。

新聞であれば紙面のサイズ、テレビであれば番組の尺など、候補者を平等に扱うのが当然。新聞であれば本来同じだけの紙面スペースを用意すべきなのは当たり前のことですが、兵庫の地方紙や関西の新聞においては立花氏に対して明らかに偏った紙面の使いかたをしていたことも指摘されています。

マスメディアは明らかに立花氏から距離を置いた報道をしていたのです。

ニューメディアとオールドメディア

選挙戦が始まった頃には、パワハラ疑惑やおねだり疑惑などの根拠のない報道が間違いであることを多くの識者が指摘を始めており、メディア報道の異常さに気づいたインフルエンサーも加わり、齋藤氏に貼られたレッテルは剝《は》がされていきましたが、マスメディアは誤報を一切訂正することなく選挙戦は進んでいきました。

しかしSNSの拡散力はすさまじく、その結果、選挙権のない兵庫県民以外の日本人もこの状況を知ることになりました。

立花氏の登場により、マスメディアによって生み出された齋藤氏の悪いイメージは少しずつ払拭され、「既得権益と戦う人」という新たなイメージが広まっていきました。あわせて、齋藤氏の不信任を全会一致で可決した兵庫県議会への不信感は兵庫県内だけでなく、日本全国の人々に広がっていったのです。

結果、マスメディアからの逆風にもかかわらず、立候補者7名の混戦の中、齋藤氏は111万3911票を獲得、2位の稲村和美氏に13万7274票の大差をつけて当選したのです。齋藤氏の1期目当選時の得票数が85万8782票ですから、既存政党の後ろ盾なしで、前回を上回ったのです。

つまり、これは組織票なしの正真正銘の民意と捉えていいでしょう。ちなみに投票率は55・65％で、前回（２０２１年）の41・10％を大きく上回りました。

選挙結果を受けて、これはオールドメディアとニューメディアの戦いでもあったと評する有識者がいることは皆さんもご存知でしょう。

オールドメディアとはテレビや新聞といったマスメディアのことですが、ニューメディアとは何でしょうか？　ＳＮＳのことでしょうか？

テレビや新聞は、ＳＮＳを問題視して、「ＳＮＳは嘘が多い」などと言っていますが、ブーメランが突き刺さっていると言うか、自己紹介乙《おつ》と言うべきか、自己浄化能力のなさを表明して、救いようのない状態です。

実はテレビや新聞も、ＸやユーチューブというＳＮＳを使っているのは皆さんもご存知でしょう。自治体の中には議会の様子をまるっと配信しているところもあります。

つまり、ＳＮＳ自体はニューメディアではない。

オールドメディアに勝利したニューメディアとは、立花氏やインフルエンサーが展開する個人メディアであり、「ＲｅＨａｃＱ」のようなスモールメディアのことなのでしょう。そしてそれを受け取り認識を刷新し拡散していく視聴者もセットだと私は考えています。あくまでＳＮＳは発信手段でしかない。

今回の兵庫県知事選における暗部が詳《つまび》らかになることに貢献したもののひとつが、議会や百条委員会のＳＮＳ配信であり、議員本人のＳＮＳ発信です。

これって、皆さんもご承知でしょうけれど、自ら証拠をインターネットに垂れ流しているということでもあるのです。政治家の皆さんはネット民の集合知や拡散力、調査力を甘く見ないほうがいいということです。

兵庫県知事選挙にまつわる県議会議員やメディアの行状は、予測はできても未解明な部分ばかりです。これから検証がなされていくなかで、オールドメディアがどのような行動をとっていくかを私たちは注視していかなくてはなりません。

暴走する権力と共に暴走するマスメディアの姿が可視化された今、その暴走を露呈させ、人々に真実を伝えられるのがニューメディアであると私は信じています。

私たちは今、情報発信の歴史の転換点に立っているのかもしれません。

２０２４年のアメリカ大統領選挙と兵庫県知事選挙。のちに歴史家によって、「世界線が変わったのはこの時だった」と記されることを信じています。

第3章

Theyとは誰のことか

2022年7月8日

皆さんはその日、何をしていたか覚えていますか。私はいつもどおりお昼のライブ配信の準備をしているところに、その一報が入ってきました。2022年7月8日11時31分、奈良県奈良市の近鉄大和西大寺駅北口付近で元内閣総理大臣の安倍晋三氏が選挙演説中に銃撃され死亡しました。安倍元首相銃撃事件、国外の報道機関などでは「安倍晋三暗殺事件」とも称されている事件は多くの人に衝撃を与えました。

新聞各紙が一面で報道。写真：吉原秀樹 / アフロ

私の動画を熱心に観ていただいている方はご承知と思いますが、私は安倍晋三さんが大好きです。今でも日本の誇りと思っています。脳裏に思い浮かべると、安倍さんはやさしい笑顔で笑っています。笑顔しか思い出せない政治家なんて、私の中では安倍さん以外におりません。

2015年当時の安倍晋三首相。写真：代表撮影 /Abaca USA/ アフロ

安倍氏の内閣総理大臣としての通算在任期間は３１８８日、歴代内閣総理大臣の中で最長記録を誇ります。名実ともに日本最高の宰相として力を振るった安倍晋三氏。安倍さんが凶弾に倒れるなんて、誰が予想したでしょうか。

歴代の内閣総理大臣で暗殺されたのは３名。

第19代の原敬氏、第27代の浜口雄幸氏、そして第29代犬養毅氏。そして退任後に暗殺された元総理大臣は初代の伊藤博文氏、第20代の高橋是清氏、第30代の斎藤実氏、そして安倍晋三氏。

原敬氏と浜口雄幸氏は東京駅で襲撃を受けその命を落としています。今でも東京駅構内には暗殺された場所に印が打ってあり、現在も確認することができます。

しかし安倍氏が亡くなった大和西大寺駅前には、その場所を示すようなものや、石碑の類いは一切ありません。

それどころか再開発により、安倍氏が暗殺された当時の面影は一切残っていないのです。まるでそこにあった痕跡を消したいかのごとく、あっと言う間に整備されてしまいました。

現行犯逮捕された山上哲也容疑者は宗教団体の統一教会に家族を崩壊させられたことで、統一教会と深い関係を持っていた安倍氏を狙ったと供述したそうです。

この事件から安倍晋三氏をはじめとする自民党保守系の政治家と統一教会のつながりが次々と明らかになり、マスメディアは連日このニュースで持ちきりになりました。マスメディアは安倍氏暗殺の究明ではなく、統一教会をクローズアップ。そして安倍派の政治家たちは次々と失脚しその要職を解かれていきました。

安倍氏の暗殺事件そのものに対する調査や検証はいまだに進んでいないのが実情です。なぜ白昼堂々と狙撃が成功したのか。事前に防ぐことはできなかったのか。

銃弾についても当初は右胸に当たったと報道されましたが、最終的には左胸に着弾したと変化しているのです。

その際に飛散した銃弾の行方は今もわからずじまい。事件が起きて1年が経ち、やっと現場での操作が開始されるなど、明らかに杜撰な捜査態勢も問題になりました。捜査が大幅に遅れたのは奈良県警内でさまざまな問題が起きていて、安倍氏の事件捜査に対応できなかったからと言われています。

安倍元首相銃撃現場は車道として整備された。
写真：アフロ

元首相の暗殺事件を後回しにするような問題って、一体何なのでしょう。それは警察内で起きた銃弾の保管ミスを発端にした不祥事でした。

安倍氏が銃撃された場所は警備が難しい場所だとは以前から言われていて、警察もOKを出していなかった。にもかかわらずなぜかこの時だけ安倍氏の街頭演説が行われ、安倍氏の命を守ることができなかった。

考え過ぎかもしれませんが、私には狙わせたかのように思えるのです。

この奈良県の街頭演説さえも直前に決まったものでし

た。別の議員のスキャンダルが週刊誌で報道され、急遽《きゅうきょ》奈良入りが決まったと聞いています。私はこの週刊誌の報道さえ怪しいと思っているのです。

安倍氏サイドは奈良入り直前、ある会合の調整をしていました。安倍晋三氏が亡くなる1日前、東京理科大学名誉教授薬学博士の村上康文氏が安倍さんのオフィスの人たちと会議をし、スケジュールの交渉をしていたそうです。村上氏は安倍氏に新型コロナワクチンの使用停止を申し入れようとしていたのです。村上氏は以前からメッセンジャーRNAワクチンに対して警鐘を鳴らしていました。

ちなみに安倍氏はWHOへの多すぎる拠出金を減らそうとしていたと言われています。これはトランプ氏も同じで、彼は大統領1期目のとき、WHOから脱退しました。しかし、バイデン氏が大統領になった途端、アメリカはWHOに復帰してしまいましたが、2期目をスタートさせたトランプ氏は、初日の大統領令で「WHOからの脱退」を宣言したのです。

安倍氏は奈良の演説を終えたのちに台湾で演説する予定があったのだそうです。演説内容は台湾の独立に関する内容だったとのこと。

週刊誌の件、ワクチンの会合の件、そして台湾演説の件、安倍氏暗殺には多くのピースが存在し、当てはまるのです。

論点ずらし

当時二転三転した警察の公式発表。銃弾は見つけられなかったのか、それとも見つけなかったのか。実行犯の真の動機は2年経った今でもまったくわかっておらず、そもそも裁判すら始まっていない状況。

そうこうしているうちにマスメディアはこの安倍晋三氏暗殺事件を統一教会の問題とすり替え、論点をずらしているかのように見えます。

その結果、安倍派の政治家はその権力を削ぎ落とされ、当時首相だった岸田文雄氏は統一教会問題の責任をとって派閥を解散すると発表しました。

しかし、これにより岸田首相は敵対する派閥の弱体化に成功しています。因果関係はないとは思いたいですが、結局得をしたのは誰だったのか。闇があるとき、その利得者を探してみることは重要だと思うのです。

私は世界の重要人物であった安倍さんの暗殺に、世界情勢がからんでいないはずが

2019年、柔道観戦で談笑するプーチン大統領と安倍総理。写真：代表撮影／ロイター／アフロ

ないと思っています。

そこで想起されるのがウクライナ戦争。安倍氏は外交で力を発揮する人物であるし、ロシアのプーチン大統領とは心を開いて話をする間柄。世界的にも数少ない信頼関係を結んだふたりであることは言うまでもありません。安倍氏はこの紛争を解決できる能力を持っていた人物なのです。

実行犯の山上容疑者、彼は本当に単独での犯行だったのでしょうか？

場所、時間、警備体制など、さまざまな要素が奇跡的なタイミングが重ならないとあのような狙撃は成功しないのです。

デマ情報

この事件の裁判が事件から2年経った今もまったく始まる気配を見せないのは、公判を維持する証拠という面で非常に弱いからだと言われています。

衆目の中で起きた事件でありながら、実は決定的な証拠がない。安倍氏が搬送された奈良医科大学で体の中から見つかると思われていた銃弾、これがない。

当時ユーチューブでは安倍氏暗殺にまつわるさまざまな陰謀説が囁かれました。その中で最も注目されたのが「別の人物がスナイパーライフルで狙撃した」という説です。銃撃現場近くの高層ビルの屋上から狙われたという真偽のわからない証拠写真が出回ったのです。皆さんも見たことがあるかもしれません。

このことについてはビルの所有者も警察もすべて否定していますので、とんでもないデマだったと認識されています。

私はこの件を境に安倍氏暗殺の真相がさらに隠されたと思っています。山上容疑者以外の者に狙われたということを隠すために、デマ情報を紛れ込ませ、煙に巻いたのではないかと。

これは過去のＪＦＫ暗殺と同じ手口です。真実を隠すために嘘を多く潜り込ませた。当時は新聞やテレビしかありませんでしたが、今はインターネットという拡散力のある情報インフラが存在します。

皆さんが接しているインターネットニュースや動画。実は別の意図が隠されているとしたら――。

この安倍氏暗殺にあまりにも多くの疑惑が存在するというのは、まさにそれを示していると過去のケースから類推できるのです。私たちは惑わされながらも、その中から真実を探し、つかみ取らなければいけないのでしょう。

ゆえに私は確信するのです。私の大好きな安倍さんは山上容疑者によって命を奪われたわけではないと。

貶めるための報道

事件から約1年後の２０２３年6月12日、奈良地裁ではこの事件の公判前整理手続きが予定されていました。これは裁判官と検察官、弁護人が裁判の争点を絞り込むも

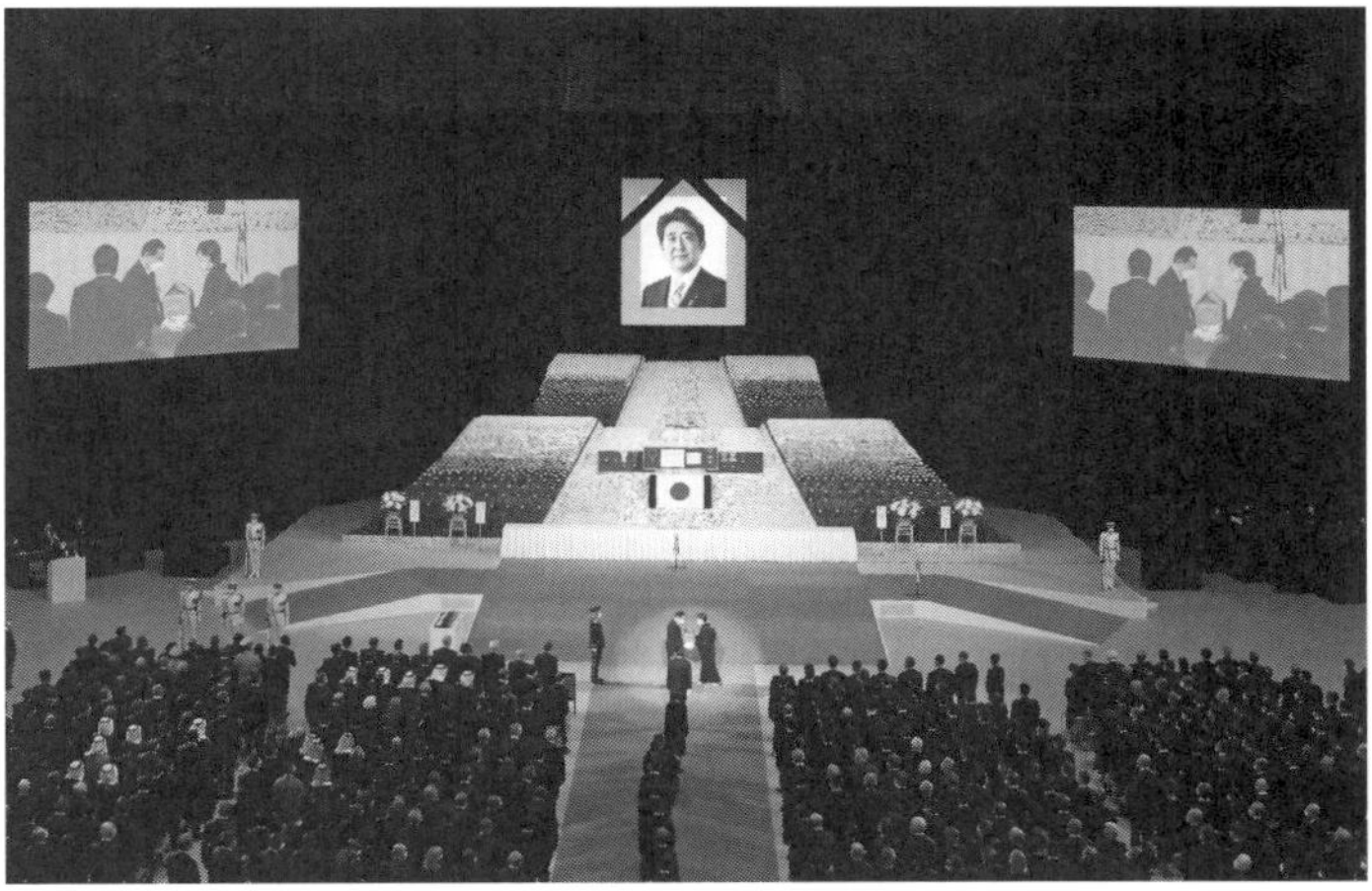

2022年９月27日、日本武道館で実施された安倍元首相国葬。
写真：代表撮影／ロイター／アフロ

ので、山上被告も出席する見通しでした。

しかし当日、奈良地裁に届いた段ボール箱にある問題が起きました。なんと段ボール箱に金属探知機が反応したのです。奈良地裁は来庁者を避難させ、手続きは急遽中止になりました。

奈良県警爆発物処理班が回収したこの段ボール箱に入っていたのはなんと山上被告の減刑を求める嘆願署名でした。差出人はある宗教二世の女性だったそう。

事件直後から山上被告に対する減刑嘆願は広く集まっていて、拘置所にも多くの差し入れが届く状況でした。

マスメディアが山上被告を悲劇の宗教二世として描き報道したことも大きく影

響しているでしょう。

それはもちろん安倍氏を貶めるための報道です。実は安倍氏の生前からずっと続いていたマスメディアと左派ジャーナリスト、左翼リベラル政党が扇動する安倍氏への誹謗中傷がもたらした空気でもあります。

2022年８月31日、安倍元総理の国葬に反対し国会前で集会を行う人々。写真：Abaca/ アフロ

あの国葬に対しての反対運動やそれを肯定するかのようなマスメディアの報道――。この国に巣くう悪意に言葉を失ったのは私だけではないはずです。

２００７年、政権の途中で安倍氏がその座を降りたとき、メディアはこぞって「政界のプリンスが政権を放り投げた」と報道しました。

当時から安倍氏は高度の難病を患っていて、政務が不可能な状況だったのです。マスメディアはその事実を伝えることなく、安倍氏を叩きに叩きました。

しかし２０１２年、安倍氏は見事に復活を果たされたのは皆さんもご承知でしょう。

印象操作

２０１６年の衆院予算委員会において、野党議員から放送局が政治的な公平性を欠く放送法違反（放送法第４条）を繰り返した場合、電波法（電波法第76条）に基づき電波停止を命じる可能性があるのかと質問され、当時総務大臣だった高市早苗氏が答弁しました。

野党は「極めて問題だ。放送事業者の萎縮効果は大きい」「放送法の乱用だ。電波停止に言及した意味は非常に重い」と大騒ぎです。

新聞各紙はこれを切り取り、「総務相、電波停止に言及」と報じました。それを受けて、メディアやジャーナリストは、「電波停止」権限をもつ総務大臣が、放送の政治的公平についての議論で、その権限の行使を強調したことは、放送局に対する圧力だと猛反発したのです。

ここまでの情報だけだと、高市氏が放送局を威圧的に脅したようにとれてしまいますが、これは完全に野党と新聞による印象操作で、高市氏の答弁を権力による「表現の自由の侵害」や「言論弾圧」ということにしたい意図が窺えます。左翼政党に乗っかるマスメディアの偏向ぶりがよくわかる事例です。

高市氏はこのことについて、ご自身の公式サイトでことの顚末《てんまつ》を正確に説明しておられますので、引用させていただきます。

「総務相、電波停止に言及」報道に驚く
(https://www.sanae.gr.jp/column_detail802.html)

一昨日(2月9日)の新聞には「総務相、電波停止に言及」、昨日(2月10日)の新聞には「総務相『電波停止』再び言及」といった見出しが躍り、愕然としました。

私が、自分からわざわざ「放送局の電波を止めます」などと繰り返し発言したわけではなく、衆議院予算委員会で民主党議員の方から2日続けて「電波法」第76条の運用に関する質問を頂いたものですから、過去の総務大臣等の答弁を踏まえて、従来の総務省の見解を答弁しただけでした。

きっかけは、2月8日の衆議院予算委員会で民主党の奥野総一郎議員から頂いたご質問でした。

この日は、テレビ中継入りの予算委員会ではありませんでしたので、私の答弁直前の奥野議員のご質問部分が削除された映像や新聞記事だけをご覧になった方が多いのかもしれません。

「急に電波を止められると、放送局は倒産します」、「好きな番組が観られなくなるので、電波を止めないで下さい」といったメールも頂きましたので…。

私の答弁直前の奥野議員のご質問部分は、

「ここで明確に否定していただきたいんですけれども、この放送法の174条の業務停止や、電波法76条についてはですね、こうした（放送法）4条の違反については使えないということで、今もう一度明確にご発言いただきたいんです」。

私の答弁は、

「それはあくまでも法律であり、（放送法）第4条もですね、これも民主党政権時代から、単なる『倫理規定』ではなく、『法規範性を持つもの』という位置づけで、しかも『電波法』も引きながら答弁をして下さっております。どんなに放送事業者が極端なことをしても、仮にですね、それに対して改善をしていただきたいという要請、あくまでも行政指導というのは要請でありますけれども、そういったことをしたとしてもですね、全く改善されないと、公共の電波を使って全く改善されない、繰り返されるという場合に、全くそれに対して何の対応もしないということを、ここでお約束するわけには参りません。

ほぼ、そこまで極端な、電波停止にまで至るような対応を放送局がするとも考えておりませんけれども。

法律というのは、やはり法秩序というものをしっかりと守ると、違反した場合には罰則規定を用意されていることによって実効性を担保すると考えておりますので、全く将来に渡ってそれがあり得ないと言うことはできません」。

高市氏は総務省側の従来の見解を示しただけで、野党やメディアが大騒ぎするようなことは発言していません。

これを受けて、どうして「極めて問題だ。放送事業者の萎縮効果は大きい」「放送法の乱用だ。電波停止に言及した意味は非常に重い」となるのでしょうか。

安倍氏は高市氏の発言について「民主党政権で同じ答弁をしている」「どういう状況になれば放送法が適用されるという、一般論的な話をした」と反論しました。

民主党政権で同じ答弁とは、菅直人内閣時代の２０１０年11月、当時の平岡秀夫総務副大臣が参院総務委員会で、「放送事業者が番組準則に違反した場合には、総務相は業務停止命令、運用停止命令を行うことができる」と答弁したことに由来します。

裏をとらない

誹謗中傷と追及が長く続いた「森友・加計学園問題」もひどいものでした。

マスメディアは「安倍総理が関与している」「安倍総理の意向であった」などと、証拠もなく裏もとれていないレベルの報道を毎日繰り返しました。

森友学園問題は近畿財務局が国有地売却時の原則である公開入札を行わず、地中のゴミに関する開示が不十分だったため、籠池泰典氏と近畿財務局の間でトラブルになったことが原因。安倍総理の関与などはなかったのです。

加計学園問題も同じで、文部科学省が学部新設の認可申請を門前払いするという前時代的な規制を緩和するという小さな問題でした。ここにももちろん安倍総理の意向などは有り得ないのですが、マスメディアは延々とこれを報じ、野党はこれを使って安倍総理を徹底的に妨害したのです。

この「森友・加計学園問題」でマスメディアと野党が大騒ぎしている間に安倍政権は重要な選挙の局面を何度も迎えましたが、多くの有権者はマスメディアと野党に翻弄されませんでした。もしここで安倍政権が負けていたら、今よりももっとひどい日本になっていたことでしょう。マスメディアはこの国を亡ばす獅子身中の虫なのでしょうか。

醜悪なプロパガンダ

皆さんもきっと一度は見たことがあるはずです。「アベ政治を許さない」というプロパガンダを。

信じられませんが、このプロパガンダが２０１５年の流行語大賞のトップテンにも選ばれているのです。この醜悪なプロパガンダは憲法学者やニュースキャスターがスローガンとして持ち上げ、国会前デモや集会などではプラカードが高々と掲げられました。電車内の広告に違法にシールが貼られていたこともあります。

左派勢力にとって「アベ政治を許さない」という言葉は、魔法の呪文みたいなものだったのかもしれません。とにかく何でも「アベ政治を許さない」で済ませていました。

2015年新語・流行語大賞。
写真：アフロ

しかし流行語大賞がそれを選んだ２０１５年は、実質ＧＤＰは２年ぶりにプラス成長、有効求人倍率は年度平均で１・23倍と、１９９１年以来24年ぶりの高水準で改善。完全失業率は年度平均で３・３％と、19年ぶりの水準で改善した年度だったのです。

数字的に見れば、この時の日本は非常に強い状態であったことがわかります。

そして大卒就職率は97・３％（２０１６年４月１日時

2015年7月18日、全国110カ所で行われた反安倍抗議行動。写真：Natsuki Sakai/ アフロ

点）と5年連続で改善し、政府が調査を始めた１９９７年4月以降最高値を記録していたのです。

就職氷河期世代の私からしたら「アベ政治で新卒就職したい」です。

本当に「アベ政治を許さない」って一体何だったのでしょうか。

当時の安倍政権の支持率は常に50％以上を維持しており、国民が支持していたにもかかわらず、マスメディアは「アベ政治を許さない」というスタンスでした。

それは陰惨な事件を報道すれば数字が取れるのと同じように、安倍総理を叩いていれば数字が取れたのです。

この「アベ政治を許さない」人たちは「ア

2018年に開催されたG7シャルルボワ・サミットでのひとコマ。提供：GERMAN FEDERAL GOVERNMENT/UPI/ アフロ

ベガー」と名付けられました。この「アベガー」の人たちを育てたのもまた、「アベ政治を許さない」というプロパガンダを広めたマスメディアなのです。

Theyとは誰のことか

一枚の写真（上）があります。

これは２０１８年に行われたＧ７シャルルボワ・サミットで各国首脳が会場で協議している様子で、メルケル首相が身を乗り出してトランプ大統領を説得している写真。

実はこの時、メルケル氏はトランプ氏が決めた欧州連合に対する鉄鋼とアルミニウムの関税引き上げに激しく抗議していたのです。

その奥で我らが安倍氏が腕組みをしています。

この時の調整役が安倍氏だったのです。渋るトランプ氏を別室で説得したと言われています。トランプ氏は御しがたい人物として有名ですが、そんなトランプ氏が心を開いていたのが安倍氏でした。

安倍氏はトランプ大統領ともプーチン大統領とも、そして中東の首脳とも公平公正に話せる世界で唯一の人物だったのです。

トランプ氏と安倍氏はゴルフという共通の趣味もあり、よく行動を共にしていました。そして、このふたりには共通項が多いのです。

日本を取り戻すことを願う安倍氏と、著しい左傾化によって国の誇りや伝統が破壊されつつあったアメリカを立て直そうとするトランプ氏。お互いに國體を取り戻そうとしていたことも共通していますが、マスメディアからの叩かれ方、つまり偏向報道や誹謗中傷に晒されていることも似ていました。

話は逸れますが、安倍総理の盟友で、トランプ大統領2期目当選前に渡米しその面会を果たした麻生太郎氏。

「アメリカを再び偉大に」というトランプ氏の標語。写真：AP/ アフロ

麻生氏は39歳で初当選を果たしているのですが、1979年当時、メディアから「どのような政治家になりたいですか」と質問され、「人に嫌われてもいいから日本の方向を間違えないような政治家になりたい」と答えているのです。

麻生氏もマスメディアに叩かれ引きずり降ろされた人物。私もこのことに気づくまでは麻生氏も極悪人だと思っていました。

でも今は違います。

マスメディアに嫌われて、偏向報道されている人物ほど「本物」ではないかと思うのです。

その最たる人物が安倍氏でありそしてトランプ氏ではないでしょうか。

安倍晋三氏が亡くなってから1年後の２０２３年7月7日、アイオワ州での遊説でトランプ氏は盟友である安倍氏について触れました。

「偉大な人物だった。最近暗殺されてしまったが、私たちは素晴らしい関係を築いた。惜しまれる」

そして、同年10月の遊説で再び言及したのです。

「彼らは彼の命を奪った。彼らは安倍晋三を暗殺した」
(They took his life, they assassinated Shinzo Abe)

安倍晋三氏は山上容疑者の銃弾で倒れたとされていますが、トランプ氏は「Ｔｈｅｙ」と言ったのです。この「Ｔｈｅｙ」は一体誰なのか？

私はこう思っています。

この「Ｔｈｅｙ」にはマスメディアも含まれている——と。

2017年、日米首脳会談に臨む安倍総理とトランプ大統領。
写真：AP/ アフロ

第4章

メディアが煽り
そして裏切る

太平洋戦争開戦と真珠湾攻撃陰謀説

毎年8月15日の「終戦の日」周辺になるとメディアは一斉に戦争特集を組みます。侵略戦争を反省し、決して繰り返してはいけない。

戦争は繰り返してはいけない、それは確かにそうなのですが、メディアが戦争特集を組んで「反省」を日本中に発信するのは、「終戦の日」に集中しています。

ゆえに、日本人なら誰もが8月15日が何の日か知っています。いえ、日々の雑事にかまけて忘れていても、メディアによって強制的に思い出させられると言ってもいいのではないでしょうか。

では皆さん、終戦ではなく太平洋戦争開戦の日ってすぐに出てきますか？

サッと出てくる人は、近代史に興味がある人、あるいはGHQ史観に違和感を覚えている人など、いわゆる問題意識を持っている人ではないでしょうか。

太平洋戦争開戦の日は、１９４１年12月８日。

太平洋戦争開戦の発端である真珠湾攻撃の日でもあります。

１９４１年12月８日未明、大日本帝国海軍が、ハワイ準州オアフ島真珠湾（パールハーバー）にある軍港、駐留している米海軍太平洋艦隊に対して攻撃を行いました。太平洋戦争開戦の日というのはあまり注目されない――。

そうおっしゃるのは元朝日新聞東京本社編集局長でジャーナリストの外岡秀俊氏。２０２１年12月２日付の朝日新聞デジタルの記事を見てみましょう。

「報道責任」を問う　外岡秀俊さん《寄稿》

毎年8月15日前後になると、メディアは一斉に戦争特集を組む。それに比べ、太平洋戦争の「開戦の日」は、あまり注目されない。

軍人・軍属２３０万人、民間人80万人が亡くなり、敗戦の日が誰にも身近な共通体験だったせいだろうか。それに比べ、開戦では極秘とされた真珠湾攻撃が、誰にも事前に知らされなかったためだろうか。

だが戦争を振り返り、「敗戦責任」を問うなら、無謀な企てに突き進んだ「開戦責任」を問うのが筋ではないだろうか。ところが「敗戦」には責任を問うべき軍部という「顔」があるのに、誰が「開戦」責任を負うべきかは、はっきりしない。

戦時中、透徹した目で国内外の出来事を「暗黒日記」に記した清沢洌は、1944年4月末にこう書いた。

「日本はこの興亡の大戦争を始むるのに幾人が知り、指導し、考え、交渉に当ったのだろう。おそらく数十人を出でまい」

「我国における弱味は、将来、この戦争が国民の明白な協力を得ずして、始められたという点に現れよう。もっともこの国民は、事実戦争を欲したのであるが」

「この時代の特徴は精神主義の魔力だ。米国の物質力について知らぬ者はなかった。しかしこの国は『自由主義』『個人主義』で直ちに内部から崩壊すべく、その反対に日本は日本精神があって、数字では現わし得ない奇跡をなし得ると考えた。それが戦争の大きな動機だ」

清沢は別の箇所で、その正体を「空気」であり、「勢い」だと表現する。では、その「空気」を醸成し、「勢い」を加速させた者は誰だろう。政治家。軍部。知識人。さまざまな顔が思い浮かぶが、忘れてならないのは、彼らの声を伝えたメディアだろうと私は思う。
（2021年12月2日／朝日新聞デジタル　新聞と戦争アーカイブ第1回
フェイクをうんだ大本営とメディア　いま向き合うべき「報道責任」）

——真珠湾攻撃、ここにはいまだに歴史の闇が潜んでいます。

定説では「日本が卑怯な奇襲を行い、アメリカ軍人と民間人の命を奪った」となっています。

しかし、日本による真珠湾奇襲攻撃は、米軍が日本軍の暗号を解読しており、事前に知っていたというのは今や多くの人が知るところです。

アメリカは日本の外務省の暗号機を模造し、解読に必要な句読点コードはニューヨークの日本総領事館に侵入して盗撮済みだったということ。

ゆえに米軍は真珠湾攻撃を受ける前に、主力の空母や戦艦を別の場所に移動していた——。空母エンタープライズは3隻の巡洋艦と9隻の駆逐艦とともにウェーク島へ、空母レキシントンは3隻の巡洋艦と5隻の駆逐艦とともにミッドウェー島に向けて移動し、真珠湾攻撃当日に残っていたのは旧型艦ばかり——。

また、日本の真珠湾攻撃はかなり前から、アメリカに知られていました。

真珠湾攻撃の1年弱前の1941年1月27日、駐日ペルー公使のリカルド・シュライバーが日本軍が真珠湾を攻撃する準備をしているという情報を在日アメリカ大使館に伝えているのです。その情報は駐日米大使ジョセフ・クラーク・グルーが米国務長官コーデル・ハルに伝えていました。

このエピソードは、当時駐日アメリカ大使館員だったフランク・シューラーとロビン・ムーアの共著『The Pearl Harbor Cover-up』（邦訳『パールハーバーカバーアップ』仲晃訳、グロビュー社）、そしてグルーの日記、ハルの『ハル回顧録』（中央公論新社）にも記されています。

そのほか、フーバー長官の事前認識にまつわるカールトン・ケッチャム元空軍大佐の証言（『真珠湾奇襲・ルーズベルトは知っていたか』今野勉著、ＰＨＰ研究所）など、日本がアメリカに嵌められた証拠はいろいろ出てきています。

当時のアメリカ大統領フランクリン・ルーズベルトが、事前察知をしながらそれをわざと放置したという「真珠湾攻撃陰謀説」は、関わった当人たちの吐露や、近現代史研究家の研究論文などによって、いまや公然の事実と言ってもいいでしょう。

米大統領フランクリン・ルーズベルトは1940年10月8日の段階で、海軍大将ジェームズ・リチャードソンに対し「遅かれ早かれ、やつら（日本）は過ちを犯し、そしてわれわれは戦争に突入することになる」と語っていました。

陸軍長官ヘンリー・スチムソンの日記によると、ハル・ノートがわが国に通告される前日の1941年11月25日、関係閣僚と軍幹部による戦争閣議でルーズベルトは「米国はたぶん次の月曜日（12月1日）に攻撃を受ける可能性がある」と発言。「われわれ自身が過大な危険にさらされないで、最初の一弾を撃たせるような立場に、日本をいかにして誘導していくべきか」が話し合われました。

（2017年1月8日／産経新聞　入門・日米戦争どっちが悪い（6）「真珠湾」事前に知っていたルーズベルト　現地に教えず見殺し）

結果、シナリオどおりに日本は真珠湾攻撃を実行し、外務省による最後通牒の打電ミスなども重なり、「卑怯な騙し討ち」「先に手を出した」という戦争の大義名分をアメリカに与えてしまいました。

太平洋戦争において日本は悪の枢軸国であり、アメリカは世界の警察として「悪を懲らしめた」というシナリオは、この「真珠湾攻撃陰謀説」によって瓦解するのです。私たちは、自国の歴史認識をアップデートしていく必要があるようです。

アメリカ第31代大統領のハーバート・フーヴァーは著書『Freedom Betrayed』（邦題『裏切られた自由』渡辺惣樹訳、草思社）で、以下のように記しています。

真珠湾攻撃は、予期されていただけでなく期待されていた。ルーズベルト大統領がアメリカを戦争に導きたかったことに疑いの余地はない。ただ、政治的な理由で、最初の一撃は相手側から発せられる必要があった。だからこそ日本に対する締め付けを強めていったのである。その締め付けは、自尊心のある国であれば、もはや武器を取るしかないと思われるところまでいっていた。

日本人に原罪意識を植えつけ、反芻させるメディア

アメリカが日本に落とした２発の原子爆弾には、何の正当性もありません。

にもかかわらず、戦争を止めるために「致し方なく」という言説が戦後80年経った今でもまかり通っています。戦後日本の左傾化した教育によるものです。

日本が悪い——それは私たち国民に刷り込まれ、私たちは牙を抜かれてしまった。

誰によって抜かれたのか？

「日本は悪いことをした。だから原子爆弾を落とされても仕方がない」

「原子爆弾が落とされたことで、日本は不毛な戦争をやめた」

こんな考え方が蔓延《まんえん》し、さもそれを当然とするような空気が生まれたのは、終戦後の日本を統治したＧＨＱ（連合国軍最高司令官総司令部）によるものであることは皆さんもご承知であると思います。

そこに「３Ｓ政策」と称する日本国民の総白痴化を推し進める政策があったことはご存知でしょうか？

さて、日本国民をアホにする政策の３つのＳ（エス）とは何のことでしょう。

①スクリーンのS＝映画鑑賞
②スポーツのS＝プロスポーツ観戦
③セックスのS＝性欲

つまり、これは、国民を娯楽に興じさせ、政治的関心から目を逸らさせるという政策。日本人を屈服させ、そこから反抗心を生じさせないための愚民政策です。アメリカ（GHQは連合国と言いつつ、実質的にはアメリカ）と、それに与《くみ》したメディアがやったことです。

日本のメディアは戦中は軍部と結託しプロパガンダに注力し、戦後はGHQの走狗《そうく》となり、私たち国民から反抗の芽を摘むためにエンターテインメントに没頭させたのです。つまり、それが日本のマスメディアの正体。

なぜマスメディアは敗戦の話はするのに開戦の話をしないのか。

先述の外岡秀俊さんが指摘した点に、私も非常に恣意的なものを感じ、「何かやましいことがあるから、開戦の話題に触れないようにしているのではないか」と疑ってしまうのです。

メディアが煽った戦時中の国民意識

日本では1909年から新聞紙法によって新聞は検閲の対象となっていました。軍や政府は記事の差し止め命令といった措置をとることができ、反体制派のジャーナリストたちはたびたび処分を受けたそうです。

満州事変以降、軍の政治に対する発言力が増大すると、新聞は正面から政府や軍を批判する記事の掲載が困難となる半面、戦争を煽ることにより国民を熱狂に巻き込み新聞の売れ行きを増加させていきました。

新聞各社は、戦争を回避しようとする政府の外交政策を「軟弱外交」と糾弾し、対外強硬論を煽り、軍部を支持しました。当時のメディアが軍部に検閲されて戦争当時何もできなかった——というのは、都合のいい誤魔化《ごまか》しで、むしろメディアは軍部をもり立てることで影響力を増大させていたと言えるのです。

一般的には「国家総動員法」の制定（1938年）により、軍部のメディア支配は完成したと言われています。国家総動員法とは、日中戦争の長期化によって国家総力戦の遂行が必要であったため、国家のすべての人的・物的資源を政府が統制運用できるという法律。

国家総動員法はメディアにも適用され、新聞や当時唯一の放送局であった日本放送協会もその支配下に置かれることになったのです。

と言われると、現代の日本人は「やはり、政府や軍部が無理矢理に日本国民を抑えつけていたのか！」というイメージを持たれるかもしれません。しかし、そうとも言えないのです。

なぜなら、当時、国民の間でも「統制意識」が盛り上がっていたのです。例えば新聞の投書欄には、敵性音楽（ジャズやハワイアンなどの英米音楽）だけでなく、英米音楽ではないクラシック音楽の排撃を主張する声も多く寄せられていたとのこと。

つまり、娯楽統制という点では、実は軍部よりも民間からの投書の影響力が大きかったそうです。

現代で言うなら、Xで、特定の人物に抗議のリプをしたり、何かに抗議するエアリプをするような人々でしょうか。そういう人、けっこういますよね。当時、投書で抗議をする人々は「投書階級」と呼ばれていたそうです。ユーチューバーで言うなら、「もの申す系」でしょうか。えええっ、私のことですか？

戦前戦中の「投書階級」については、金子龍司氏（法政大学大原社会問題研究所嘱託研究員）が『Wedge ONLINE』に寄稿されている記事に詳しく書かれているので、皆さんもぜひご一読ください。

そうした人の中には、居ても立ってもいられず、警察や新聞、放送局に投書によって抗議をする人があった。
「投書階級」と呼ばれた人たちである。当時の検閲担当者にとって、彼らの声は無視できないものがあり、しばしば抗議を受け、取り締まりが強化された。戦時中の検閲や統制に関しては、これまで政府や軍の暴力性・抑圧性が強調されてきたが、それらが消費者市民に由来する側面があったのである。
（2021年8月26日／Wedge ONLINE　まさに現代の自粛警察 戦時下の「投書階級」と重なる姿　真珠湾攻撃から80年 明日を拓く昭和史論）

当時、投書階級の「ご意見」を掲載していたのが新聞。この影響力が強かったのは言うまでもありません。当時はスマホどころかテレビもありませんから、影響力のある発表の場だったでしょうし、掲載されるのは非常に狭き門、ゆえに影響力も半端ないものだったことは容易に想像できます。

それに比べたら、Xでクソリプ飛ばしてくる人や、エアリプで個人の意見や文句を言っている人なんて数えられないほどいますし、というか、誰でもできること。可視化されているとはいえ、その意見は誰も見ていなかったりしますから、当時の新聞の投書掲載と比べるべくもありません。

とはいえ、「統制意識」の盛り上がりを作ったのはメディア（新聞）であり、メディアに利用された声のデカい日本国内の「投書階級」の存在を無視しては、コトの本質を見誤る可能性があるのです。

主力空母四隻を失ったミッドウェーの大敗を転機として、軍部は参謀本部や東條英機首相に対してさえ大敗の事実を隠蔽するようになっていたと言われています。

言論統制の成果に加え、新聞、ラジオなどのメディアが大本営発表を検証しないままに過大な偏向報道を行ったことも無視できません。

ゆえに多くの国民は、国際情勢や戦況の実態を知ることができなかった。そのことも戦争の長期化につながりました。

戦争が長期化すると、政府や軍の強硬派に迎合する記事や国策への協力を強く訴える記事が多く掲載されていきます。

一度方針を決めたら間違っていようと変えられない、変えない——現代にも引き継がれているメディアの欺瞞《ぎまん》が強く表れているのがわかります。

１９４０年12月、内閣直属の情報機関「内閣情報局」という組織が発足しました。内閣情報局の目的は戦争に向けた世論形成、プロパガンダの普及、思想取り締まりの強化。内閣情報局は紙の配給権を掌握していたため、物理的にも新聞や出版物の言論統制が可能だったのです。

私たちがイメージする戦時中の「検閲」は、この内閣情報局が行っていたものです。情報局の統制に反発し投獄され拷問を受けたり、言論活動を中断するようなケースも当初は少なからずあったそうですが、結局は新聞・出版においても、芸能界においても統制に反発するような運動は表に出てこなかったそうです。

むしろ用紙などの統制物資の割り当ての確保を求めて情報局に協力する者の数のほうが圧倒的に多かったと言われているのです。

そもそも国営でなければ報道機関といえど、あくまで事業体。

事業継続のためなら権力側のプロパガンダも請け負うのです。メディアに社会正義やジャーナリズムなどというものを期待すること自体が、私たちの妄想だったとも言えるのです。

このことを、「戦時下だから仕方がない」とおっしゃる人も世の中にはたくさんおられるでしょう。しかし、この本を手にとっていただいた皆さんは「昔からそうなのね」と腑《ふ》に落ちるのではないでしょうか。

メディアは権力のプロパガンダ機関に過ぎない――。

これは言い過ぎかもしれませんが、第一次世界大戦時のアメリカの事例を見れば、あながち言い過ぎではないと思われるかもしれません。

メディアが煽ったアメリカの国民意識

アメリカが第一次世界大戦に参戦した理由をご存知でしょうか?

英国が再三参戦を要請しても、アメリカ政府はなかなか腰を上げなかった。なぜか? それはアメリカ内の民意が参戦に反対の意思を示していたからです。ではなぜ、参戦したのか？　結論から言うと、メディアのプロパガンダによって、国民意識を変えることができたからです。

第一次世界大戦参戦時の大統領はウッドロウ・ウィルソン。彼は再選される前は「欧州での戦争には参戦しない」と言っていましたが、大統領になったら前言撤回して第一次世界大戦に参戦しました。

「いやいや、それは民意が許さないのでは？」

そう思いますよね。

彼はメディアによって世論を誘導するために、ＣＰＩ（広報委員会：Committee on Public Information）という政府広報機関を立ち上げて、国内世論を参戦に肯定的にしてしまったのです。

その代表的なプロパガンダが「Remember the Lusitania」というキャッチコピー。

いわゆる「ルシタニア号事件」です。

１９１５年5月1日、英国の豪華客船ルシタニア号はニューヨーク港で密かに火器弾薬を積み込んでアイルランドのクイーンズタウンに向けて出発しました。

ルシタニア号には乗員乗客合わせて約２０００人が乗船していたのですが、英国はそれを「軍用貨物船」として利用したのです。乗客はそんなことは知りません。

さらにルシタニア号はドイツの事前の警告を無視し、あえてドイツを逆撫でするような航路を進みました。つまり、ドイツ潜水艦Uボートの攻撃を誘ったのです。

なにか既視感を感じませんか。そう、真珠湾攻撃を誘ったパターンと同じです。

5月7日、Uボートから放たれた魚雷がルシタニア号に命中、約18分後に船体は海中に没し、乗客乗員合わせて1198人が犠牲となり、米国籍の死亡者は128人と言われています。

アメリカが連合国側に加盟し、ドイツに宣戦布告をして第一次世界大戦に参戦したのは、1917年4月6日。その1週間後、ウィルソン大統領はアメリカの参戦を正当化し、先述のCPIを設立。

CPIにとって2年前のルシタニア号事件はメディアを使った世論誘導には恰好の材料でした。CPIの走狗となったメディアは「Remember the Lusitania」というキャッチコピーでドイツ非難を煽り、ドイツの悪辣《あくらつ》非道さを伝えるさまざまなフェイクニュースで米国世論を動かし、第一次世界大戦参戦への民意を得たのです。

当時の大衆洗脳の方法論はウィルソン大統領へCPIを設立を進言した、近代広報活動の始祖的人物であるエドワード・バーネイズが著書『プロパガンダ』（成甲書房）で書き残しています。

皆さん、もう嫌と言うほどおわかりでしょう。

トランプ大統領への偏向報道、安倍晋三首相への捏造報道、兵庫県知事選挙の推定有罪的な公正さを著しく欠いた報道――がシンクロしてきたのではないでしょうか。

メディアのやり口は、昔からまったく変わっていないというか、そのままなのです。

なぜ、昔のままなのか？　それは私たちが、常に同じやり口で騙されてしまうからに他なりません。

「えええー、人類ぜんぜん学習してないじゃん、ダメダメじゃん」

そんな声が聞こえてきそうです。こだまですか？　いえ現実です。

でも、対処法がないわけではないのです。「あいつら絶対騙しにきている」という視点でメディアの報道を疑ってかかれば、「だいたい合ってる」ということ。なぜなら、メディアのやり口は、いつも同じパターンなのですから。

戦後の大衆洗脳

２０２５年は戦後80年の年です。

ゆえに「終戦後にメディアが何をやらかしたか」というテーマについて、少し掘り下げていこうと思います。これは、２０２５年の都市伝説、陰謀論界隈でも重要なテーマとなるのではないでしょうか。

大衆はよく動物の羊にたとえられます。

聖書でもそうですね。

陰謀を画策する者たちから見ても、私たちは羊なのです。羊は群れを愛し群れでいることに安心します。無条件降伏を受け入れた政府に対し、当時の日本の大衆も反乱を起こすことなく、ＧＨＱの占領統治に従うという選択をしました。

なぜそれほどに従順だったのでしょうか？

天皇陛下のご意志だったからという面もあるでしょう。ＧＨＱ統治下においては先述した「３Ｓ政策」の影響で目を逸らされたという面もあるでしょう。

しかし、私はまだ、肝心なことをお話ししていません。

日本のメディアや知識人、教育関係者が戦後もＧＨＱの走狗となって、日本人のメンタルを壊し、「私たちが悪いからしょうがない」という原罪意識を植えつけた洗脳プロセスについてです。

太平洋戦争は軍部の、特に陸軍の暴走によって行われたと、戦後の左翼教育では教えられてきました。

私もそのように認識していましたし、マスメディアも軍が暴走した侵略戦争であったと報道し続けています。

日本人に戦争責任を周知させるという任務を遂行したのはＧＨＱの部局である民間情報教育局（ＣＩＥ）。その施策が、いわゆるウォー・ギルト・インフォメーション・プログラム（ＷＧＩＰ）と呼ばれる日本人の再教育です。

ＷＧＩＰについて詳しく知りたいなら、江藤淳氏の『閉された言語空間　占領軍の検閲と戦後日本』（文春文庫）がおすすめです。

ＷＧＩＰの再教育プログラムには、軍国主義者と国民を対立させる構図が組み込まれていました。この対立を作り出すことにより、日本と連合国、そして日本とアメリカとの間の戦いであった太平洋戦争を現実には存在しなかった「軍国主義者vs国民」

にすり替えたのです。

つまり、日本国民に対する罪を犯したのも、現在そして将来の日本人の苦難もすべて軍国主義者の責任であり、アメリカには何の責任もないという設定を作り、そのように洗脳するためのプログラムということです。

たとえば東京大空襲に代表される大都市の無差別爆撃も、広島と長崎への原子爆弾の投下も、軍国主義者が悪かったから起きた厄災で、実際にそれを実行したアメリカには少しも悪いところはなく、正義であるということ。

原爆投下は日本人に対するホロコースト以外の何物でもありません。ゆえにアメリカは「日本がその仕置きに値する悪者だった」ということにしたかった。

そして日本人は原爆によって大量の民間人を虐殺した張本人への責任追及ではなく、なぜかその矛先を「核兵器廃絶」にしてしまったのです。

ハーバート・フーヴァーは『Freedom Betrayed』（邦題『裏切られた自由』）の第83章「日本に対する原爆投下のもたらしたもの」の冒頭で以下のように記しています。


日本に対して原爆を使用した事実は、アメリカの理性を混乱させている。

世界中の頭を使って考える人々の理性を困惑させている。原爆使用を正当化しようとする試みは何度もなされた。しかし、軍事関係者も政治家も、戦争を終結させるために原爆を使用する必要はなかったと述べている。

また、フーヴァーは同じ章でウィリアム・リーヒ提督の著者『I Was There』の中から、以下のコメントを引用しています。

〈私は、あの残虐な兵器の広島・長崎への使用が、物理的な対日戦争で果たした役割はないと考えている。日本はすでに敗北し、降伏の用意ができていた。効果ある海上封鎖がなされ、通常兵器による爆撃は十分な効果を生んでいた。「科学者やその他関係者がとにかくやってみたかったんだろう。この計画には巨額な資金がつぎ込まれていたから」。これが私が（原爆使用の報に接して）最初に感じた思いであった。〉

陸軍を悪に仕立てたのは誰か

戦争末期、海軍は戦艦や戦闘機を失い、精神的にも戦う気力を失っていました。でも、陸軍はまだまだやる気満々でした。しかしソ連が攻めてきて、ソ連にだけは日本を渡したくない、日本がアメリカとソ連に分断されては生き残る道はないと判断し、ソ連から日本を守るためにアメリカに降参しました――。これが今この国で教えられている表の歴史です。

しかし、これはすべて仕組まれたものと見ることができるのです。

大戦末期、中国大陸にはまだ無傷の陸軍の日本兵が何十万人もいました。陸軍はまだ壊滅していなかったのです。

敗戦による戦争終結に反対したのは陸軍でした。当然でしょう、まだ戦う力があったのですから。終戦を希望したのは海軍だったのです。

そして終戦に反対し怒り狂う陸軍の若い軍人を鎮めるため、介錯なしで切腹をしたのも陸軍トップでした。アメリカは捨て身の暴動を恐れ、陸軍の軍人から戦う気力を奪うために、陸軍に負けを認めさせ、公開処刑する必要があった。それが東京裁判であったという見方もあるのです。

思い出してください。太平洋戦争の開戦は真珠湾攻撃です。そしてこの真珠湾攻撃を仕掛けたのは海軍なのです。

そしてアメリカはこれを待って日米開戦に踏み切った。ようするに日本海軍が本当の仇であるはずなのに、東京裁判で処刑された海軍軍人はひとりもいないのです。

これって不思議に思いませんか?

戦後教育では陸軍の暴虐さ非道さがクローズアップされ、悪の親玉に仕立て上げられています。現代日本人からの評価が最悪な東條英機氏ですが、彼は実際には戦争に反対していたとも言われています。

陸軍省経理局内には「秋丸機関」という研究組織がありました。組織を率いた秋丸次朗主計中佐の名字からそう呼ばれています。正式名称は「陸軍省戦争経済研究班」です。ノモンハン事件後の1939年9月に、総力戦を経済面から研究するために設立されました。

アメリカとの戦争の勝算については「勝ち目なし」とする内容の報告書をまとめ、陸軍上層部に報告していたのです。そして実は真珠湾攻撃に関しても陸軍は反対していたと言われています。

陸軍はアメリカと戦っても勝ち目はないと思っていた。ゆえに南進して東南アジアでイギリスと戦い、石油を確保するという方向に舵を切ろうとしてたのです。

しかし海軍によって真珠湾攻撃が実行され、結果、日本は陸軍が分析していたものと逆の道を進むことになるのです。

そして戦争が終わり、なぜか陸軍が悪者になったのです。

再教育プログラムによる洗脳

はたして歴史教科書に書いてあることは本当の歴史なのでしょうか。

太平洋戦争――教科書ではそう表記されていますが、日本人にとっては「大東亜戦争」でした。戦後、この言葉は言葉狩りに遭い、現在主要メディアでは一切使うことができません。

同じ敗戦国であるドイツやイタリアに比べ、GHQによる日本への統制は非常に厳しいものでした。日本への統制が特別なものであった証拠です。

アメリカ政府は連合国軍最高司令官マッカーサーに対し、「日本占領及び管理のための降伏後における初期の基本的指令」というものを発しています。

その一部を見てみましょう。

貴官は、適當な方法によつて日本國民の全階層に對し、彼らの敗戰の事實を明らかにする。彼らの苦痛と敗北は日本の不法且つ無責任な侵略によつてもたらされたものであること、又、日本人の生活及び制度から軍國主義が排除されてはじめて日本は國際社會への參加を許されることを、彼らに認識させなければならない。彼らが他國民の權利と日本の國際義務とを尊重する非軍國主義的、民主主義的日本を發達させるように期待されていることを彼らに知らせなければならない。貴官は、日本の軍事占領は連合國の利益のために實施されているものであり、日本の侵略力及び潜在的戰爭能力の破壞のためと日本人に災禍をもたらした軍國主義及び軍國主義的制度の排除のために必要であることを明らかにする。この目的をもつて、且つ軍隊の安全を確實にするために、貴官が望ましいと認めるときに、又貴官が望ましいと認める限度において、日本に交際禁止政策を適用することができる。しかしながら、貴官の将兵は、米國及び連合國竝びにそれらの代表者に對する信頼を深めるように日本人を扱わなければならない。

（出典：日本占領及び管理重要文書集　外務省特別資料課編　日本占領及び管理のための連合國最高司令官に對する降伏後における初期の基本的指令第1部　一般及び政治／4　日本に對する軍事的權限の確立より）

どうでしょうか？

これを読んでフムフムと納得できる日本人は、ひとりもいないと思うのです。この徹底的な上から目線、あくまでも「私たちは野蛮な日本人に教育を施してやるのだ」と言わんばかりの態度。腹立たしいにもほどがあります。

しかし、これが彼らの立ち位置であり、実は令和になった現在でもそれは「変わらない」ということでもあるのです。

その指令の約1カ月後、GHQは日本の新聞社に、日本軍の残虐行為を強調した『太平洋戦争史』を連載させたのです。

それと並行してGHQは、社団法人日本放送協会（現・NHK）のラジオ放送を利用して『眞相はかうだ』という30分番組を1945年12月から放送開始しました。この番組は日本人の精神構造から軍国主義的な精神を排除することを目的としていて、脚本を作成したのは先述した民間情報教育局。GHQの制作した番組であることは隠されていました。

このラジオ放送は原爆投下や大都市の無差別爆撃などを行ったアメリカの正当化を

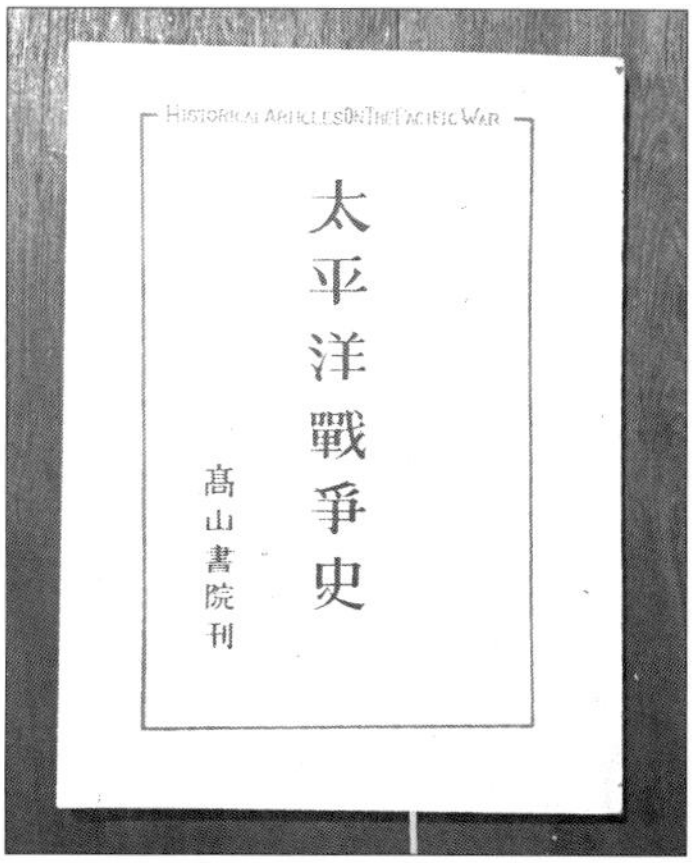

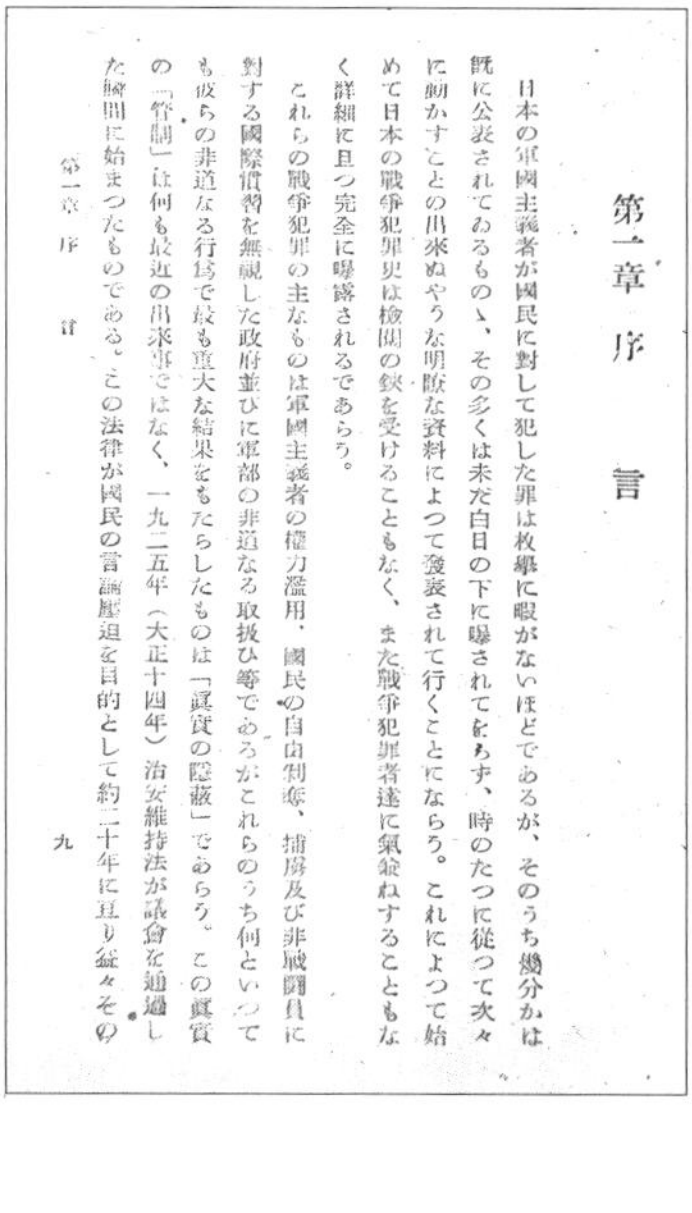

第一章　序　言

日本の軍國主義者が國民に對して犯した罪は枚擧に暇がないほどであるが、そのうち幾分かは旣に公表されてゐるものゝ、その多くは未だ白日の下に曝されてをらず、時のたつに從つて次々に明かすことの出來ぬやうな明瞭な資料によつて發表されて行くことにならう。これによつて始めて日本の戰爭犯罪史は檢閲の鋏を受けることもなく、また戰爭犯罪者達に氣兼ねすることもなく詳細に且つ完全に曝露されるであらう。

これらの戰爭犯罪の主なものは軍國主義者の權力濫用、國民の自由剝奪、捕虜及び非戰鬪員に對する國際慣習を無視した政府並びに軍部の非道なる取扱ひ等であるがこれらのうち何といつても彼らの非道なる行爲で最も重大な結果をもたらしたものは「眞實の隱蔽」であらう。この眞實の「管制」は何も最近の出來事ではなく、一九二五年（大正十四年）治安維持法が議會を通過した瞬間に始まつたものである。この法律が國民の言論壓迫を目的として約二十年に亘り益々その

第一章　序　言　九

図るためのものでもあります。軍国主義的な精神を排除するというのは表向きの理由で、日本人に「日本は侵略戦争で人道に背く行いをした」という〝冤罪《えんざい》〟と〝原罪〟を植えつける行為だったと見なせるのです。

腹立たしい限りですが、私が思う以上に、当時の日本人はフラットにこれらを聴いていた形跡が残っています。

なんと、当時、視聴者から「連合国側に偏っている」などの批判が日本放送協会に殺到したのです。批判の殺到に対し、ＧＨＱ側も対策し、番組名や構成を変更するなどして、洗脳のための番組制作を続けました。

ＷＧＩＰがＧＨＱが引き揚げたあとも機能しているのは皆さんも実感できると思います。学校教育とメディア、左翼リベラル言論人によって今日まで続いているのです。

２０２４年のノーベル平和賞は、被爆者の立場から核兵器廃絶を訴えてきた日本被団協＝日本原水爆被害者団体協議会が受賞することになりました。

授賞式で受賞のあいさつをした田中熙巳代表委員のスピーチの中には、広島と長崎に原子爆弾を投下したアメリカに対する批判は一切ありませんでした。

しかし、日本政府に対しては「何十万人という死者に対する補償はまったくなく、日本政府は一貫して国家補償を拒み、放射線被害に限定した対策のみを今日まで続けております」「もう一度繰り返します。原爆で亡くなった死者に対する償いは、日本政府はまったくしていないという事実をお知りいただきたい」と訴えました。

悪者は「核兵器」、補償するのは「日本政府」――。

常識的に考えても、原爆で亡くなった死者に対する償いは、原爆を落とした側がするべきこと。原爆投下に正当性など微塵《みじん》もないのですから。

肝心な部分がすっぽり抜けているのです。

洗脳のために共産主義者を利用する

ＧＨＱの文書には敗戦直後の様子が記されています。

占領軍が東京入りした際、日本人の間に戦争への贖罪《しょくざい》意識はまったくと言っていいほど存在せず、日本の敗北は単に産業と科学の劣勢と原爆のせいである――そういう認識がゆきわたっていたと。

ＧＨＱの意向にそぐわない日本人の国民感情はその後もしばらく続き、昭和23年になっても依然として日本人の精神にGHQの望むような形でWGIPが定着していなかったと書いています。

ゆえに彼らはほかの敗戦国とは違う政策をとる必要に迫られたのです。なかなか洗脳できない日本人に対して、戦争犯罪の意識を刷り込ませるためにGHQが活用したのは何か。

なんとそれは共産主義者や社会主義者なのです。産経新聞の記事を見てみましょう。

歴史戦　GHQ工作　贖罪意識植え付け　中共の日本捕虜「洗脳」が原点
英公文書館所蔵の秘密文書で判明

占領下の日本国民に戦争に対する贖罪意識を植え付けるため連合国軍総司令部（GHQ）が、中国・延安で中国共産党が野坂参三元共産党議長を通じて日本軍捕虜に行った心理戦（洗脳工作）の手法を取り入れたことが英国立公文書館所蔵の秘密文書で判明した。GHQの工作は、「ウオー・ギルト・インフォメーション・プログラム（WGIP）」と呼ばれ、現在に至るまで

日本人の歴史観に大きな影響を与えている。（編集委員　岡部伸）（２０１５年６月８日／産経新聞）

戦時中、政府と軍は「赤狩り」と称し、共産主義者を厳しく弾圧してきました。これは國體を揺るがす反乱行為である以前に、日本人のアイデンティティを揺るがす思想を許してはいけなかったという面もあります。

ＧＨＱは日本人の最後の砦《とりで》である「精神的武装」を解除させるために、民主化の美名のもと、左翼やリベラル派を利用して教育改革を行いました。戦後のあまりにも左がかった教育というのは実は洗脳工作の一環なのです。

本来は敵だった共産主義者、社会主義者をあえて利用する――。

ＧＨＱによるＷＧＩＰは、中国共産党が日本軍捕虜に行った洗脳工作の手法も取り入れられているのです。

アメリカ版自虐史観

はい、皆さん。歴史クイズです。アメリカの建国は何年でしょう？

「１７７６年でーす」

正解です。日本の教科書には、アメリカ建国は１７７６年と書いてあります。しかし、アメリカの学校でそう答えたら「ブッブー！」という効果音が鳴ってしまう事態が起きていたことはご存知でしょうか。

「えっじゃあ正解は何年？」という皆さんの声が聞こえてきましたので、答えを言いましょう。

「１６１９年です」

まあ、答えと言いつつも、正解ではありません。

アメリカの左翼メディアと文化マルクス主義者による強引なる歴史修正なのです。

なぜ、アメリカの建国を１６１９年に修正しなくてはならないのでしょうか。

１６１９年は、アフリカ黒人奴隷がアメリカ独立前のバージニア植民地に連れてこられた年なのです。

つまり、新大陸にはじめて黒人奴隷が上陸したのが１６１９年ということ。ゆえに、アメリカの建国は１６１９年がふさわしいという主張で、「１６１９プロジェクト」と呼ばれています。

「１６１９プロジェクト」とは奴隷とされたアフリカ人が最初にバージニア州に到着した年を建国の起点として米国史を再構築するというもの。

要は、「白人は過去を反省して、黒人奴隷を連行した年を建国記念日にしろ！」ということです。つまり、アメリカの白人に自虐史観を植えつける取り組みです。

自虐史観は戦後日本だけの話ではないのです。

アメリカ人の精神の核である建国精神が左翼によって潰されようとしているという話なのです。まさにアメリカ版ＷＧＩＰ（ウォー・ギルト・インフォメーション・プログラム）ということです。〝ウォー〟ではなく〝スレイブ〟ですが。

この歴史修正の発端は、ジャーナリストのニコル・ハンナ＝ジョーンズ氏が、１６１９年からちょうど４００年目にあたる２０１９年８月に発行された『ニューヨーク・タイムズ』特別号に寄稿した記事。

その記事で彼女は、アメリカの真の建国は１６１９年だとするほか、アメリカの歴史は黒人迫害を軸に展開し、1776年のアメリカ独立の目的のひとつは奴隷制度の維持だったと主張したのです。

彼女の主張は賛否両論でしたが、結果として彼女は「1619プロジェクト」でピュリッツァー賞を受賞したのです。

とはいえ、しっかり段取りもしていて、彼女は記事の発表前からピュリッツァー財団と連携して、高校での副読本採用を画策。つまり、「1619プロジェクト」を教育現場へ浸透させるのが目的でした。

そして実際に「1619プロジェクト」は公立学校のカリキュラムに採用されてしまったのです。要は、ピュリッツァー賞もセットで左翼メディアと文化マルクス主義者の「仕込み」ということです。

「1619プロジェクト」は学校教育のアメリカ史を「白人に関する記述が多すぎる」と批判するなど、白人を貶め、アメリカの伝統的な歴史と子どもたちとの断絶を目論んでいます。歴史を変えるために教育にアプローチする——日本の戦後教育と同じ方法です。「アメリカは歴史の草創期から白人が人種差別をしてきた」と子どもたちに植えつけるわけです。

こんなことをアメリカを愛するあの人が放置しておくはずがありません。

そうです、トランプ大統領は黙っていませんでした。

当時、トランプ大統領は『ニューヨーク・タイムズ』と「１６１９プロジェクト」を、「真実を無視した左派による洗脳教育であり、危険なプロパガンダだ」と非難しました。

そして２０２０年９月17日、トランプ大統領は愛国教育を取り戻すための諮問機関「１７７６委員会」を設立するという大統領令を出したのです。安倍元首相が日本を取り戻したかったように、トランプ大統領もアメリカを取り戻したかったのがご理解いただけるのではないでしょうか。

しかし２０２１年１月、「１７７６委員会」は解体されました。バイデン大統領が就任初日の大統領令で解体を指示したのです。トランプ大統領が取り戻したかったアメリカは潰されたのです。

２０２５年、トランプ大統領は戻ってきました。左翼メディアと文化マルクス主義者による洗脳教育はストップがかかることでしょう。

日本のメディアが反日を育成する

中華人民共和国と韓国は「日本はアメリカおよび連合国だけでなく、自分たちの国とも戦って負けた。ゆえに私たちには戦争賠償を求める権利がある」と、戦勝国としての権利を持っていると主張しています。

実際には戦後秩序を決めたサンフランシスコ講和会議において、両国は日本と戦争状態にあった国とも、戦勝国とも認められていないのです。

日本が戦ったのは「中華民国」で、どさくさで生まれた「中華人民共和国」ではないですし、ましてや韓国は日本に併合されており、日本の一部、つまり同朋だったのですから。

要するに戦後の日本に対する権利や請求権などを定めた条約の署名国ではない。にもかかわらず両国は、「アメリカが勝手に決めたこと。わたしたちは被害者だ」と言い張り、わが国から何らかの形で賠償を奪い取っています。

日本と韓国は１９６５年６月に二国間で日韓基本条約を結び、両国の外交関係の樹立、過去の韓国併合条約などの失効などを約し、日本は韓国を「朝鮮半島唯一の政権」

であると認めました。

日韓基本条約の中核である日韓請求権協定は、日本から韓国に対して、無償3億ドル、有償2億ドルの資金協力を約束するとともに、両締約国及びその国民（法人を含む）の財産、権利及び利益並びに両締約国及びその国民の間の請求権に関する問題は「完全かつ最終的に解決」されており、いかなる主張もすることはできないことを定めています。

にもかかわらず、慰安婦強制連行や元徴用工を捏造し、それを政治カードにしているというのは皆さんもご承知のことと思います。

さらに問題なのは日本のマスメディアがこういった歴史認識を正すどころか、むしろこれらの捏造を肯定し、助長するような報道をしているということ。いや、実態は助長などという生易しい話ではありません。

朝日新聞は慰安婦強制連行を捏造して、韓国を焚きつけた張本人です。2014年、従軍慰安婦報道問題を巡る一連の捏造や誤報がバレてしまった朝日新聞は社長が引責辞任しました。

しかし、後から訂正したところで、社長が辞めたところで、世界中に広まってしまった慰安婦強制連行はひとり歩きし、伝わった先すべての認識を正すことなどできはしません。韓国はその嘘を、国民の歴史認識として定着させてしまいました。そして日本人の中にもそれを信じている人がたくさんいるのです。

元徴用工の捏造問題と切り離せないのが軍艦島こと端島《はしま》です。

味をしめた韓国は、明治日本の産業革命遺産のユネスコ世界遺産登録の際にも「日本は端島に多数の朝鮮人をその意志に反して連れてきて強制労働させた」と言いがかりをつけてきました。

韓国の捏造した反日プロパガンダのもととなったのが、NHKが制作して昭和30年に放映した番組『緑なき島』。韓国はこれをもとに端島（軍艦島）の強制労働をでっち上げたのです。

この番組の中には裸同然の炭鉱夫が狭い構内で作業する映像がでてくるのですが、2010年にNHKからこの映像の提供を受けた韓国公共放送KBSが『歴史スペシャル　地獄の島　軍艦島』を放送、釜山にある韓国国立日帝強制動員歴史館でもKBSの番組の短縮版を上映するなど、「戦前戦中、朝鮮人は端島で劣悪な環境下での労働を強制された」というプロパガンダに使われたのです。

長崎港から船で約40分のところに位置する端島（通称：軍艦島）。
写真：山梨将典 / アフロ

『緑なき島』の映像は2023年までにKBSやMBC、JTBCなどのテレビ局の計20本の徴用に関する番組で使用が確認されているそうです。

ここで問題となるのはふたつ。

ひとつは、問題となっている「裸同然の炭鉱夫が狭い構内で作業する映像」が、端島（軍艦島）のものではないと元島民の方々（「島民の会」）が主張していること（「軍艦島の真実 - the truth of gunkanjima」https://www.gunkanjima-truth.com/l/ja-JP/）。

つまり、端島のドキュメントを撮ったNHK側に端島以外の映像を使った「やらせ」があるということです。

もうひとつは、この映像を韓国が反日プロパガンダに使ったこと。端島は2015年「明治日本の産業革命遺産　製鉄・製鋼、造船、石炭産業」のひとつとしてユネスコ世界文化遺産に登録されました。

韓国は日本が登録申請していた段階で、端島を含め指定予定の施設で朝鮮人が強制労働させられていたのでふさわしくないと反対してきたのです。

端島において朝鮮半島出身者の強制労働があったという事実はありません。元島民の方々や関係者の証言、当時の資料などでそれは明確なのです。

先述したように嘘の史実の捏造のために証拠として使われたのが、NHK制作の『緑なき島』。

信じられないでしょうが、韓国はこの嘘の史実をユネスコも巻き込んで「軍艦島は地獄島」と世界に発信したのです。残念なことに、わが国はこれに屈してしまった。

つまり、韓国の捏造を正すのではなく、言い分を認めてしまったのです。

「1940年代に韓国人が本人の意思に反して動員され、過酷な条件下において、強制的な労役をしたという歴史的事実を認め、インフォメーションセンターの設置など、犠牲者を記憶にとどめるための後続措置をとる」と。

この理不尽な解決を納得できる日本人はいるのでしょうか？　最も納得いかないのは端島の元島民の方々。ＮＨＫと韓国によって故郷に謂《いわ》れのない汚名を着せられたのだから当然です。

この端島についての事情を詳しく知るには、早稲田大学名誉教授・有馬哲夫氏が書かれた「PRESIDENT Online」の記事がおすすめです。

「PRESIDENT Online　なぜＮＨＫは「反日プロパガンダ」に手を貸すのか…「軍艦島での強制労働」をでっち上げた歴史番組の大罪　https://president.jp/articles/-/71146?page=1」

終わらない統治

戦後、共産主義者をあえて日本の統治システムに組み入れたのと同様に、ＧＨＱは分割統治という方法でわが国に呪縛を残していきました。

分割統治とは、支配者が被支配者を分割して統治を容易にする手法です。被支配者同士を争わせ、統治者に矛先が向かうのを避けることを目的としています。

つまり、本来は敵対していた中国、かつては日本国民だった韓国を使ってわが国が立ち上がらないように抑え続けるという戦後体制がいまだ続いているのです。

そしてその結果、日本は領土や安全保障や外交の問題で不利な立場に立たされて不当な扱いを受ける――。

もし日本国がアメリカの大事な同盟国であるというならば、隣国がこのような無法な振る舞いをしたら仲介してくるはずなのです。

でも、アメリカはそんなことを一度もしたことがない。東アジアが不安定になればなるほど、それはアメリカにとって都合の良い状況だからです。

日本のメディアが左傾化し、自虐史観や慰安婦強制連行問題、南京虐殺問題など、隣国の捏造史観に迎合し、繰り返し報道し、訂正文掲載と責任者の首を引き替えに捏造発信をやめない――。

「どこの国のメディアだよ！」と、時折はらわたが煮えくりかえるのは、80年経っても解けないＧＨＱによる縛りなのです。

多くの日本人が日本のマスメディアは権力に対抗してくれる、監視してくれていると思い込んでいます。権力が暴走したときそれを止めてくれるのがメディアだと。

でも歴史を振り返ると、そんなことは今まで一度もしてくれたことがないのです。

戦時中は煽り、戦後は日本国が復活する芽を摘み続けた。彼らはいつだって、日本の国益や自立を阻害する先兵であり、ときには第4の権力として暴走する。

日本国民がそれに気づかない限り、私たち日本人は本当の意味での戦後体制の脱却はできないのではないでしょうか。

第5章

このままではわが国は滅びる

日本は龍の国

日本には各地に龍神伝説があり、龍を祀《まつ》る神社も数多く存在します。

奈良の春日大社には境内に金龍神社が鎮座し、龍神への信仰が篤いことで知られていますし、私が住んでいる京都ですと、京都市左京区の貴船神社は奥宮社殿の下に龍穴があり、これは日本三大龍穴のひとつとされています。

貴船神社の主祭神は水の神様である高龗神（たかおかみのかみ）。龗（おかみ）は龍の古語なのです。宮津市の元伊勢籠《この》神社の主祭神は彦火明命（ひこほあかりのみこと）ですが、御祭神の一柱である天水分神（あめのみくまりのかみ）は水の分配を司《つかさど》る神様で、龍神とされています。

全国を見わたせば、十和田神社（青森県）、箱根神社（神奈川県）、荏原神社（東京都）、田無神社（東京都）、高龍神社（新潟県）、白龍神社（愛知県）、毛谷黒龍《けやくろたつ》神社（福井県）、飛瀧《ひろう》神社（和歌山県）、石切劔箭《いしきりつるぎや》神社（大阪府）、田村神社（香川県）、志賀《しか》海《うみ》神社（福岡県）などなど。

また、仏教においては法華経に登場する仏教を守護する八大龍王が有名です。ゆえに神社だけでなく、お寺においても数多くの龍神信仰があるのです。

龍は水神です。そして日本は水の国です。

日本列島の自然が育む多くの水源、それを外資が狙っていることは皆さんもご存知でしょう。きれいな水は日本の宝なのです。

そして日本は古《いにしえ》より水に翻弄されてきた国でもあります。

各地に残る龍神伝説はすなわち、水不足や水害が起きた証しであり、古より日本の統治者たちは水のコントロールに苦心してきました。

２０２４年１月１日に起きた「令和６年能登半島地震」。

マグニチュード７・６、輪島市と羽咋《はくい》郡志賀町《しかまち》で最大震度７を観測した巨大地震は能登地方を中心に甚大なる被害をもたらしました。あれから１年経った今もなお復興は終わっておらず、その傷跡は深くかの地に残っています。

まだ余震が続く２０２４年１月２日、ある報道番組の震災を伝える映像の中で上空に黒い龍のようなものが映ったと話題になりました。

龍は古より人知を超えた存在であり、時にそれは大災害を巻き起こし、私たち人類に試練を与えたりもしました。

今回の地震も、もしかすると龍が私たちに与えた試練でしょうか?

しかし、私は違うと思っているのです。

龍こそが、かの地を「救った」と思っています。

地震震災に遭われた人々からしたら「ふざけるな」という話かもしれないですが、多くの命を奪い、多くの物を破壊した地震ですから、「誰も救われていないじゃないか」と思われてもしかたがありません。

しかし、聞いてほしいのです。

能登半島地震では沿岸部の海底が総延長約85㎞にわたって隆起して陸地となっていることが、国土地理院の解析でわかりました。輪島市門前町吉浦では隆起がおよそ5・5mに達しました。

これにともなって以前より最大約200m海岸線が海側にせり出しているのです。

皆さんもご存知のとおり、2011年の東日本大震災で壊滅的な被害を生んだのは沿岸部を襲った大津波でした。

もちろん能登半島地震でも津波に襲われた地域はありますが、実はこの地面の隆起が津波による浸水被害の拡大を抑えたとも言われているのです。

この大いなる自然の力——。テレビ画面に映った黒い龍がこの地域を守ったのではないか、私はそう思っているのです。

古より天子の顔のことを龍顔といいます。

これは漢の高祖劉邦《りゅうほう》の顔相に由来します。中華においては、龍は常に皇帝の権力と強さの象徴でした。皇帝は自身を龍の化身だと自称し、皇帝の衣服である龍袍《りゅうほう》にはその名のとおり龍が縫い付けられています。

これにならい、日本の天子である天皇にも龍顔という言葉は使われていました。先代旧事本紀《せんだいくじほんぎ》に天皇は龍そのものであったという記述があるのもその理由からでしょう。現在世界で唯一の天子であられる天皇陛下は龍であられ、わが国は龍を象徴とし、龍が治（知）らす国でもある——。

日本は龍に守られている国なのです。

中華の「一条龍」が日本を喰らう

しかし今、もうひとつの龍がこの国を喰い散らかそうとしています。

政府観光局の調査によると２０１９年の訪日外国人旅行者数は約３１８８万人でした。その後コロナ禍により大幅に減少しましたが、２０２３年には約２５００万人まで復調しています。

２０２４年の訪日外国人観光客数は、過去最高の２０１９年を上回る見込みになっているそうです。世界最高ランクの治安、食事、ホスピタリティ、そして世界的な円高が外国人観光客にとっては割安に映るのか、私の住んでいる京都が年中外国人観光客で溢れています。以前は紅葉と桜のシーズンに限られていたのに――。

インバウンドで溢れかえる今となっては信じられない話ですが、かつてわが国は先進国の中では海外からの旅行客が少ない、知る人ぞ知る国だったのです。

観光大国になるには３つの条件があると言われています。

ひとつは文化の知名度が高い。２つ目は治安がいい。そして３つ目は交通インフラが整っていること。

外国人旅行客数が現在の２割ほどだった２００３年当時、この３つの条件を満たしているにもかかわらず、日本を訪れる外国人観光客の数は伸び悩んでいました。

当時首相だった小泉純一郎氏は施政方針演説に観光立国宣言を盛り込みました。

「3年前には500万人だった外国人旅行者は、昨年、愛・地球博の開催や、韓国、台湾に対する査証免除措置などにより、700万人に迫る勢いです。ビジット・ジャパン・キャンペーンなどにより、2010年までに外国人旅行者を1000万人にする目標の達成を目指します」
（2006年1月20日　小泉純一郎内閣総理大臣　施政方針演説より抜粋）

それ以降、政府は訪日観光の推進を目的としてさまざまなプロモーションを展開してきました。その結果、日本食、アニメなどのコンテンツ、生活習慣、伝統文化などの発信力が増し、この20年で日本のソフトパワーは大きく向上しました。そしてコロナ禍での渡航制限の縛りが外れ、外国人旅行客で溢れるようになったのです。

外国人旅行客はお金を使ってくれる存在です。ひとり当たりの観光消費は日本人旅行客に比べて約４倍と言われているのです。

さらに外国人旅行客の中には高付加価値旅行者と呼ばれる人々がいます。

彼らは外国人旅行客全体の約１％しかいないにもかかわらず、インバウンド消費全体の11・5％にも当たる金額を使うそうです。

とにかく彼らのお財布をつかむことが、疲弊した地方経済が復活するための施策であり、多くの地方自治体がこれらを呼び込もうと躍起になったわけです。生きていくためですから、当然です。

その結果、多くの弊害も生まれました。

「オーバーツーリズム」という言葉があります。

増加した観光客によって公共交通機関や飲食店、物販店が混雑するだけではなく、マナーの悪い観光客が増えることにより、観光資源にダメージが蓄積することになったのです。

オーバーツーリズムの弊害が深刻なのは、日本の象徴である霊峰富士。安易に登頂を目指す外国人が増えた結果、事故が増加し、安全性を維持することに今まで以上の負荷がかかっています。排泄物やごみの投棄で環境汚染の問題も生じています。

インバウンドの増加は、地域経済に大きなメリットがある半面、深刻な問題につながります。それでも彼らが落としてくれるマネー、これがあったからある程度は許容できたし、対応もしてきました。

しかし今、新たな問題が観光地を襲っています。

それがもうひとつの「龍」、中国からやって来た「一条龍」です。

コロナ禍以前、国別の外国人訪問者数が圧倒的に多かったのは、どこの国だかご存知ですか？　データを確かめるまでもなく、皆さんも「中華人民共和国」と認識しているのではないでしょうか。

２０１５年以降、一貫して中国からの訪問者数が1位でした。

「爆買い」というワードが流行語にもなったぐらい、彼らが日本で落とすマネーが、小売店や地域を潤したのは記憶に新しいところです。

政府観光局のデータを見ると、２０２４年の訪日外国人観光客数における中国のランキングは第2位（２０２４年9月推計値）。1位は韓国ですが、彼らはお金を使わないことでもトップクラスです。

今でも多くの中国人がわが国を訪れるのですが、実はその多くの中国人が日本でお金を使っていないと言ったら、皆さんは驚きますか？

裕福な中国人は時にクルーズ船で日本各地の港に押し寄せます。

下船して上陸してくる中国人を待ち構えているのは中国系の旅行会社やバス会社。

スタッフのほぼ全員が中国人というパターンが多いそうです。

つまり、中国人訪日客のお金を観光地に落とさせずに、中国資本のエコシステムの中に完全に囲い込むのです。

クルーズ船やバス会社、免税店、宿泊施設、飲食店と、観光ビジネスの川上から川下までの行程を一匹の龍のようにつなげる。これが「一条龍」と呼ばれる所以《ゆえん》です。数社の中国系大手旅行会社とその下にぶら下がる中国系サービス業者のエコシステム。これではインバウンドで地方経済を再生することなどできません。

恐るべきことにこのエコシステムには空港到着後の白タクサービスも含まれます。もちろん、わが国で白タクは違法ですが、「友人を迎えに来ただけだ」と白昼堂々と行われる違法行為を警察は取り締まれていません。

日本が再起をかけて取り組んだインバウンド政策。その多くは中国からの観光客の流入をあてにし、そのために法律も整備しました。しかし、中国資本に都合のいい環境は、彼らのビジネスを横行させており、結果的に日本のインバウンド政策は骨抜きになってしまっているのです。

反日国家からの来客

中国では今でも反日教育が行われています。

これは周知の事実で、子どもの頃から日本は「敵国」として教え込まれます。

その最大のメリットは、中国共産党への民衆の不満を日本に転嫁させることができるからです。激しい受験戦争、未婚率の上昇、一般庶民には決して手の届かない不動産価格の上昇――かの国の人民も多くの不満を抱えて生きているからです。

中国共産党当局は、この不満を民主化運動につなげさせたくない。ゆえに日本を使ってガス抜きさせているのです。

行き過ぎた反日政策は中国の若者の心の中に深い闇を住まわせてしまいました。

今、中国のネットでは反日的な内容の動画が人気を集めています。不満を持ったかの国の若者はゆがんだナショナリズムをネットで発散しているのです。日本を標的にして――。

２０２４年5月31日、中国人の男３人が靖國神社の石柱に赤のスプレーで「Ｔｏｉｌｅｔ」と落書きをし不敬行為を行いました。そして中国のＳＮＳに落書きをした様子を投稿しました。

犯人のうち2人は翌日に日本を出国。かの国のインタビューで「私は悪いことをしていない」と答えたところ、中国では英雄扱いを受けたそうです。日本に残っている1人、姜卓君（29）は器物損壊などの容疑で逮捕されました。残りの2人についても警視庁が逮捕状を取り指名手配しました。

姜被告は被告人質問で、「東京電力福島第1原発の処理水海洋放出への抗議だった」と動機について説明し、「靖國神社への恨みはなかった」と話したそうです。

中国外務省は6月3日の記者会見で、靖國神社の石柱への落書きや尿をかけるような行為をめぐり、記者からの「中国人は海外でどう振る舞うべきか」との質問に対し、毛寧報道官は「外国にいる中国国民が現地の法律や法規を遵守し、理性的に要求を表現するよう改めて注意する」と述べ、不適切な行動を控えるよう呼びかけたのですが、靖國神社については「日本軍国主義が発動した対外侵略戦争の精神的道具とシンボルだ」と非難したのです。

そして8月19日、靖國神社の同じ石柱に中国語で「厠所」という落書きが見つかりました。警視庁は器物損壊と礼拝所不敬の疑いで、中国籍の10代少年の逮捕状を取りました。８月18日の夜、当該人物が石柱の台座に上がる様子が防犯カメラに残っていたのです。

近年日本の宗教施設での外国人観光客の蛮行というのがたびたびニュースで報道され、日本人としては大いに憤慨せざるを得ません。日本の法律では器物損壊や礼拝所不敬の罪でしか裁けないのです。

２０２４年は、東アジアの特定の国が目の敵にする靖國神社で反日行為が容易に行えるということがインターネットで世界中に流布されてしまった。

結果、靖國神社でよからぬことをたくらみ「バズってやろう」という輩《やから》が後を絶たないのです。

神社は日本人の心であり魂でもあります。

これを傷つける行為というのは絶対に許されてはいけないはず。本来、中国の人だってそれを良い事とは思っていないと考えたいですが、彼らは日本人とはメンタリティが異なります。ゆえに彼らの善悪の感覚は日本人の想像力では測れないのです。

かの国には「愛国無罪」という言葉があります。

これは本来、右翼的な言葉であるにもかかわらず、共産主義革命を成し遂げた中国が、それを政策に使っているというのは非常に皮肉な話です。

社会主義と自由経済を無理矢理共存させているため、一条龍とは別の巨大で歪つな龍を生み出し、その龍がわが国を蹂躙しているとも言えるのではないでしょうか。

日本の人口減少と移民

皆さんは現在のインバウンド需要には、「ビジネス」という側面だけで測れない、もっと大きな問題があることをご存知でしょうか。

わが国の人口は2010年の1億2807万人をピークに減少を始めました。この現象は今なお続いていて、2047年には1億人の大台割れ、2065年には8800万人、4割が高齢者になり、2100年にはなんと人口5000万人を割り込むという試算もあるのです。

2022年の総務省の発表によると、15歳未満人口は前年に比べ25万人少ない1465万人で、これは41年連続での減少。総人口に占める割合も前年比0・1ポイントダウンの11・7%と、過去最低を更新しており、出生数の減少に歯止めがかからない事態が示されています。

実業家のイーロン・マスク氏はこの発表を受けてＳＮＳで「このまま何も手を打たなければ、日本はいずれ消滅するだろう。そして日本の消滅は世界にとって大きな損失になる」と警鐘を鳴らしました。

政府は「異次元の少子化対策」と称し、さまざまな対策を打ってきましたが、そのすべてが失敗に終わっていると言っていいでしょう。

そこで再び注目されているのが「移民政策」です。しかし、移民はわが国のあり方を根本から変えてしまう可能性があるため、私たちもすんなり受け入れるわけにはいきません。

訪日インバウンド客を「短期移民」という視点で捉えた研究があります。

２０３０年の政府目標である年間訪日外国人６０００万人。これはわが国に６０００万人の消費人口が増加するのと同じ効果が見込まれるというもの。少子化に伴い人口減少を続けるわが国にとって大きな数字です。

オーバーツーリズムや観光汚染など、さまざまな問題があるにもかかわらず、政府がこの政策をやめないのはなぜか？

最終的には移民を受け入れざるを得ない、その時のためのたたき台として、現在さまざまな社会実験が行われているのではないか？　そんなふうに私は勘ぐってしまうのです。

日本各地で外国人観光客の運転する車の交通事故が多発しています。ここで注目されているのが、外国人の運転免許証切り替え問題。いわゆる「外免切替」です。

都内の運転免許試験場では、訪日中国人などが日本の運転免許への切り替えで行列することもあるそうです。なぜなら、中国人にとってわが国の運転免許はとても魅力的なのです。

日本の運転免許はジュネーブ条約に基づき、世界100カ国近い国々で運転できる国際免許に切り替えることができますが、条約締約国ではない中国の運転免許にそんな汎用性はなく、運転できる国が限られているのです。

それゆえに「外免切替」で日本の運転免許に切り替えたいのです。近年、中国では日本の「外免切替」の簡単さが知れわたり、日本の免許取得がブームになっているとのことです。最近では中国人旅行者向けの白タク行為への利用を目的とした取得なども問題視されています。

私たちにとっては身分証明書にもなっている運転免許証。皆さんもご承知のように、その取得にはお金と時間がかかります。教習所では学科も実技も大変だったことが思い出されます。

「外免切替」の技能試験は比較的難しいようですが、いわゆる学科の知識確認試験は○×式で10問中7問正解で合格。信じられません、10問ですって！

「外免切替」費用はなんと1万5000円程度です。観光ビザで来日し滞在先のホテルを日本での住所と申請しても手続きできてしまうそうです。「外免切替」のハードルの低さにはビックリですが、これは日本人が外国で運転するときの相互的な取り組みの側面もあるので一概に否定はできません。

日本の国土を爆買い

2024年12月、政府は土地利用規制法に基づく審議会を開き、前年度の特別注視区域や注視区域での外国人や外国法人による土地建物の取得状況を報告しました。

ちなみに同法施行後、取得状況の調査は初めてで、むしろ今まで一度も調べていなかったということが驚愕の事実なのですが、この調査で20都道府県にわたり計371件の取得が確認され、その中でも中国が203件と最多であったことが明らかになりました。

この結果を受けて大きな波紋が広がっており、安全保障上の観点からも問題視されています。ご存知と思いますが、中国において日本人が土地を取得することは不可能です。正確には、中国では中国人ですら土地を買うことはできないのですが。

でも、わが国では中国人が日本の土地を取得することができてしまう。事実、彼らによる日本の土地の「爆買い」が起きているというのです。

東京ベイエリアでマンションが発売されるとすぐに売り切れてしまうそうですが、買い手には中国人投資家も多いそうです。

百歩譲って、ビジネス目的なら「資本主義社会の弱肉強食だ」と割り切ることもできますが、今回政府が調査した結果、防衛関連施設周辺での土地取得が目立っていたのです。

2023年1月末、沖縄の無人島（沖縄本島・那覇北部の屋那覇島）を購入したという中国人女性実業家がTikTokに動画をアップして話題になりました。登記によると、この島の一部は2021年2月から東京に本社を置く中国系コンサルティング企業が所有しています。島全体を占有したわけではなく、面積約74万平方メートルの島の5割程度とこと。

当時、松野官房長官が屋那覇島は位置的に「重要土地利用規制法」の対象外だとの認識を示していますが、これを見過ごしていいのでしょうか。当該離島は沖縄本島の自衛隊基地及び米軍基地からも非常に近い距離にあるのです。

特に沖縄は中国が強い野心をもって進出を図ろうとしている地域であり、実際に沖縄県政にも深く食い込んでいると言われています。

日本国内の防衛関連施設周辺で取得されている土地は、本当に民間が購入しているのでしょうか？　わが国はもうすでにレッドアラート状態にあると考えたほうがいいのかもしれません。

国土交通省の姿勢

皆さんは国土交通省が日本国内で外国人が不動産を購入したりアパートを借りたり

するなど、不動産取引をする場合に手続きを円滑化する実務マニュアルを作成していることをご存知でしょうか。

訪日外国人や外国人留学生の増加で、外国人による国内不動産の取引が増加していることを受けて、取引が順調に行われるように、インバウンドへの対応を底上げするというもの。これを移民受け入れのための「準備」と考えるのは、もはや邪推ではないと思うのです。

先述の屋那覇島だけでなく、北海道ニセコ町や沖縄県宮古島などでのリゾート開発、京都の町屋などでの不動産の取得と、中国系資本による土地購入や開発が多発していることに、懸念を抱いている人は多いことでしょう。

北海道の森林が中国資本に買収されているのは周知の事実ですが、彼らが北海道の水源地を買い漁っているというのも最近よく聞く話です。

北海道庁によれば、２０２３年1月から12月までの期間における海外資本等による道内森林の取得状況は以下のとおり。居住地が海外にある外国法人又は外国人と思われる者による森林取得の事例：26件、１１７ヘクタール、国内の外資系企業と思われる者による森林取得の事例：３件、１６１ヘクタール。

中国資本による土地購入は、過去に航空自衛隊千歳基地近くの土地が中国資本によって取得されたことが発覚していますし、国会での調査もあったように、ようやく外国資本の不動産買収に規制を設けようという議論が起きています。

しかし、外国資本の不動産買収に規制を設ける流れに逆行し、どんどん買ってくださいと言わんばかりにマニュアルを作成し、日本の不動産を外国資本にあっせんするような国土交通省の姿勢については甚だ疑問です。

こうした土地購入の規制の法案に反対しているのはどの政党なのか？　そこに気付いたとき、この国の政治家は私たちのほうを向いていないことを思い知ります。国土交通省は長い間、その大臣の職をとある政党が独占しており、外国人参政権や外国人の土地購入に関して規制を緩和する方向に努力しています。

そして著しく親中なところも気になります。将来的な移民政策への布石として積極的に中国に便宜を図っているのだとしたら、インバウンド政策で利を貪るのが中国ということが実に腑に落ちます。

龍の国であるわが国は、異国の龍である一条龍に喰い荒らされています。しかしその異国の龍を招き入れているのは、日本に巣くう中国利得者なのかもしれません。

移民を推し進める国連

国連によると、2024年の世界人口は約81億1900万人と推定されています。これは、2023年と比べて約7400万人の増加です。世界の人口は今後60年間増加し、2080年代半ばに約103億人でピークに達すると国連は予測しています。

一方、国連の難民支援機関である国連難民高等弁務官事務所（UNHCR）によれば、紛争や迫害などで家を追われた人たちは、2024年5月時点で1億2000万人に達したとのこと。難民の出身国は、2023年末の報告によると、その73%がアフガニスタン、シリア、ベネズエラ、ウクライナ、スーダンの5つの国から発生しています。

国連難民高等弁務官事務所は日本に難民の受け入れ拡大を求めています。日本は先進国の中でも難民の受け入れが少なく、国際的に批判を受けている現状です。

2024年3月26日に出入国在留管理庁が発表したプレスリリースによると、2023年の難民認定申請者数は1万3823人で、前年に比べ1万0051人（約266%）増加。難民認定手続、補完的保護対象者認定手続及び審査請求の結果、わが国での在留を認めた外国人は１３１０人。内訳は、難民と認定した外国人が３０３人、難民とは認定しなかったものの補完的保護対象者と認定した外国人が２人、難民及び補完的保護対象者のいずれにも認定しなかったものの人道的な配慮を理由に在留を認めた外国人が１００５人。難民認定申請者の国籍は87カ国にわたり、主な国籍は、スリランカ、トルコ、パキスタン、インド、カンボジアとなっています。

たとえばアメリカの場合、なんと12万５０００人の受け入れ枠があると言われ、それに比べて日本の受け入れ数は先進国である日本にふさわしくないと、国連機関は強いプレッシャーをわが国にかけてきているのです。

日本は労働者としての外国人受け入れに関してはかなり緩和をしてきているのですが、国連はさらなる門戸の開放を求めているというわけです。

これは江戸末期に西洋列強が日本に開国を迫った状況と非常に似ており、安易にこれを受け入れるべきではないと私は考えています。もしそれに屈して、受け入れてしまったらわが国は大変なことになるからです。

なぜなら、ヨーロッパの多くの国で移民政策はすでに破綻していて、自国内に特別自治区を作るような状況が起きています。これは「多文化共生」などという綺麗事ではありません。まさに国家内国家の爆誕であり、「共生」できていない証拠なのです。デンマークでは2010年以降、10万デンマーク・クローネ（約210万円）を超える給付金で、難民や移民の自主帰還を促しています。

寛容な難民受け入れを誇るスウェーデンは北欧の人道大国と呼ばれており、難民やその家族について、成人1人当たり1万クローナ（約14万円）を支給してきました。しかし2024年、自主帰国を決めた移民に対し、1人当たり最大35万クローナ（約490万円）を給付する新制度を発表し、2026年から実施するそうです。スウェーデンでは2022年の総選挙で左派政権が負け、8年ぶりに右派政権が発足し、移民強硬策を進めているのです。

国連の移民政策が先進各国で破綻しているにもかかわらず、日本にこれを要請するというのは明らかに、おかしい。

そもそも国連は戦勝国クラブであり、死文化したとは言われていますが、いまだに国連憲章に「敵国条項」というものが存在しています。敗戦国である日本はどれだけ国際的に貢献しようが決して常任理事国になれはしない。なぜなら私たちはあの戦争で負け、おなさけで国際連合に入れてもらっている立場なのです。

内政干渉の極み、皇室典範への口出し

国連は、わが国の「皇室典範」にも口を出してきているのです。

しかも皇位継承に関する事柄で。

現在の皇室典範の第一条では、「皇位は、皇統に属する男系の男子が、これを継承する」と規定しています。

国連の女性差別撤廃委員会は、この規定が女性差別にあたると言ってきました。皇室典範にある皇位は皇統に属する男系の男子が継承すると定めている件に関し、女性皇族による皇位継承を認めていない皇室典範の改正を勧告してきているのです。

最初に口を出してきたのは２０１６年。女性差別撤廃委員会の会合で、日本に関する見解の最終案に「男系男子の継承は女性差別」として、皇室典範の見直しを求める記述を盛り込んできたのです。

このときは日本の抗議で、その記述は削除されました。国連勧告というのは、そもそも法的拘束力を持つものではありません。ゆえに従う必要はないのです。しかし、内政干渉であり、国際的な圧力であることは間違いないのです。

そして２０２４年、女性差別撤廃委員会による日本の女性政策を対面で審査する会合が8年ぶりにスイス・ジュネーブで開催されました。その中では選択的夫婦別姓導入のための民法改正、そして男系男子による皇位継承がまたもや論点のひとつになったのです。

今回、「皇統を守る国民連合の会」の会長である葛城奈海氏が、女性差別撤廃委員会の会合で抗議のスピーチを行いました。この会合には日本から約30団体約１００名が参加しました。もちろん、参加団体は日本の女性差別を国際的に陳情する目的の方々ばかり。葛城氏に与えられた発言時間は、たったの35秒でした。

葛城氏は、世界にはさまざまな民族や信仰があり、それぞれ尊重されるべきで、内政干渉すべきではない——と訴え、次のように説明しました。

「天皇は祭祀王だ。ローマ教皇やイスラムの聖職者、チベット仏教最高指導者のダライ・ラマ法王はみな男性なのに、国連はこれを女性差別だとは言わない。なぜ日本にだけそのように言うのか」

国連の一団体である女性差別撤廃委員会。この団体に日本の左派活動家が多く在籍しているNGOも参加していることが判明しており、なかなかにきな臭いのです。

２０２４年10月29日、国連女性差別撤廃委員会は日本政府に対する勧告を含めた最終見解を公表しました。

その中には「男系男子が皇位を継承することを求める皇室典範について、他国の事例を参照しながら改正する」という文言が組み込まれていたのです。

明らかに相手を見て言ってきていますし、完全なる内政干渉です。

外務省のウェブサイトには以下のような記者会見の内容が記載されています。

村外務報道官会見記録

（令和６年10月30日（水曜日）15時45分　於：本省会見室）

女子差別撤廃委員会（皇室典範に関する勧告）

【読売新聞　栗山記者】国連の委員会が、皇室典範の改正を求めました。そのことの受け止めと、日本政府として、必要な反論等を行ったのかどうか、そこも併せて確認させていただければと思います。

【北村外務報道官】御指摘の最終見解、そこには、皇室典範の話も含めて、審査において、日本政府が行った説明が反映されてないような記述、あるいは、客観的な事実を踏まえてない内容、こういうものが含まれています。

このような最終見解を委員会が公表したことにつきましては、誠に遺憾であると政府は考えており、29日、我が方のジュネーブにある国際機関日本政府代表部から、国連側に対して、改めて遺憾の意を表明して、強く申入れを行ったところです。

皇室典範の改正は敗戦当時にGHQが手を付けたかったことでもあります。そもそもGHQは天皇陛下をA級戦犯として、この世界から消してしまおうとしていたのですから。

意気揚々と乗り込んできたダグラス・マッカーサー連合国軍最高司令官は、天皇陛下がどんな命乞いをするだろうと楽しみにしていたそうです。

しかし、マッカーサーと面会した昭和天皇は「私は、国民が戦争遂行にあたって行った全ての決定と行動に対する全責任を負う者として、私自身をあなたの代表する諸国の裁決に委ねるためお訪ねした」とおっしゃられたそうです。

マッカーサーは、自身の保身や命乞いをするトップの姿を見てきました。その中で唯一命乞いをしてこなかったのが昭和天皇だったわけです。

マッカーサーはこれに驚愕し、この人はひとかどの人物だと見方を変えたそうです。その後、ＧＨＱは日本から天皇陛下を排除したら、この国の統治はおぼつかないと判断し、皇族を存続させる方向で統治を始めました。

しかし、それはただの経過措置に過ぎず、最終的には日本の精神の支柱である天皇陛下――ここにいつか必ず手をつけようと考えていたわけです。

そして現在、ＧＨＱ（連合国軍最高司令官総司令部）から、国連に形を変えて――いえ、変わっていないのかもしれません。国連の正式名称は「United Nations」。日本では「United Nations」を「国際連合」と勝手に訳していますが、「United Nations」の正訳は、単に「連合国」なのです。

インバウンドと移民の話に戻しましょう。

インバウンド問題では中華の龍がこの国を喰い荒らしているという話をしましたが、この移民問題も同じく内外からのプレッシャーを強く受けているわけです。

移民と観光客は別の存在と日本国民は思っていますが、ここ10年で明らかに日本の治安は大きく悪化したと思いませんか？

数値的に見れば犯罪件数は減っているのだそうです。でもそれは窃盗やスリなどの微罪が減っているだけで、凶悪犯罪は増えているそうです。

一昔前なら考えられないような外国人による強盗や殺人が日本国内で起きています。それは明らかに政府の間違えた政策が招いてしまった厄災であると私は思っています。そしてなぜか近年日本の司法の現場では謎の不起訴が連発されています。

「裁判官や弁護士が海外勢力に取り込まれた？」と思う人もいるかもしれないですが、実はもっと単純な理由で不起訴が増えているのです。

なんと、取り調べの現場に通訳の数が圧倒的に足りないそうです。それが原因で事件の詳細や背景などが調べられなくて不起訴になっている。

おかしな話ですが、突き詰めれば政府があまりにも海外からの労働者や観光客の受け入れを急ぎすぎた結果、現場の混乱が起きているということです。

でも考えてみてほしいのです。

日本国民がなし崩し的にその混乱に慣れさせられているとしたら――。

将来の大移民時代のための社会実験だとしたら——。

私たちは取り戻さなければいけない

戦争に負けて私たちは漢字の一部を奪われました。

いわゆる旧字体は煩雑なため使いにくいから簡易化したと言われていますが、そこには日本人の魂とも言える漢字が多く存在しています。禁止はされていないけれど、事実上封印されているのです。

教育も圧倒的に変えられてしまいました。日本人は英語が苦手と言われますが、戦前までの日本の英語教育は国際的に見てもトップクラスの授業が行われていたそうです。もちろんその教育を享受できるのは限られたエリートだけだったかもしれないですが、現在も続けていれば、日本国民の語学能力は飛躍していたはずなのです。

それをさせないために、小中高と英語を勉強し続けても、ロクに習得できないようなプログラムが組まれていたとしたら——。

第４章で述べましたが、ＧＨＱの統治に一貫していたことは日本人が二度と自分たちに逆らえないように牙を抜くということ。未来を担う子どもたちは教育で変え、すでに成人していた者たちはメディアで徹底的に洗脳した――。

そしていま私たち日本人は、単一民族という最後の砦を移民政策という形で奪取されようとしている――。

永久歯は抜けたら生えてきませんよね。でも、魂の牙は何度抜かれても生えてくるんです。本人が望めば。

私たちは取り戻さなければいけない。あの日抜かれた牙を――。そしてそれは「知る」ことから始まるのです。陰謀論、都市伝説、闇ニュース、名前は何でもいいのです。知る方法は無数にあります。問題は皆さんがそれを受け取る準備ができているかどうかです。その探求があなたをちょっとだけ、いいえ、この国をちょっとだけ救うかもしれないのです。

終章

都市伝説と陰謀論

陰謀論が真実に変わる日

私、この仕事やっていてよく言われるのです。

「お前は陰謀論者だ」って。

私、この言葉を言われたらちょっと嬉しいのです。なぜなら「よかった、ちゃんと斜めから見れているな」と思えるから。

そもそも「陰謀論」という言葉は、J・F・ケネディが暗殺された1963年にCIAが作ったと言われています。諸説ありますが。

皆さんもご存知のとおり、J・F・ケネディ暗殺事件は、さまざまな疑問が解決されないまま放置されていて、そのことが書かれた文章もいまだに100%は公開されていません（トランプ大統領が公開してくれることになりましたが）。

これはなぜでしょうか。

当時CIAは数々の疑惑を「陰謀論」という言葉でレッテル貼りし、人々を真実に近づけないようにしたと言われています。

これがもし事実だとするならば、「陰謀論」という言葉の奥の奥には一片の真実がある可能性もありますよね。

もちろん世の中に流布されている「陰謀論」のほとんどが信ずるに足りないものばかりですが、近年ずっと「陰謀論」と言われていたことが「真実」になるということが多発しています。

たとえばジェフリー・エプスタインが私有した米バージン諸島にあるリトル・セント・ジェームズ島、通称「エプスタイン島」では何十年も前からいかがわしいパーティーが行われていると言われていました。

それはあくまでも噂話だと言われていたのです。大統領経験者がこんな島に行くわけがないと。でも2023年アメリカ当局が公開したジェフリー・エプスタインの顧客リストの中にはアメリカのセレブや政治家たち、そして大統領経験者の名前もあった。「陰謀論」が「真実」に変わった瞬間でした。

アメリカでは年間何万人もの人が行方不明になっていて、その半数が未成年や子どもだと言われています。そしてその子どもたちの多くは行方不明のまま出てこない。

子どもたちは人身売買に巻き込まれたのではないかと、以前から囁かれていたのですが、表のメディアでは「そんなわけない」と一笑に付されてきたのです。

実際、エプスタイン事件でセレブたちと関わっていたのは未成年の子どもたちだったのです。そして最近、アメリカの有名なヒップホップアーティストが逮捕されました。彼は自宅でエプスタインと同じようないかがわしいパーティーを開催していたのです。そこにも未成年の子どもが含まれていたと言われています。

権力者の意図を読み解く

噂話、都市伝説だと言われていたことが、今ちょっとずつめくれてきています。陰謀論の99％はデマ、デタラメだと思います。でも1％は真実。そしてその99％のデマ、デタラメはいったい誰がばらまいてると思いますか？

実はデタラメも仕組まれた罠と見るべきです。デタラメは真実を隠したい人が作り上げた砂上の楼閣なのです。

今回この本の中で私は皆さんとメディアの嘘や欺瞞というものを掘り下げたいと思いました。メディアは権力者のプロパガンダ装置、ならば彼らが一斉に礼讃するもの、一斉に批判するものから、権力者の意図が読み解けるはずなのです。

私はメディアの出してくる情報を陰謀論者として見ています。斜めに見ているからこそ、見えてくるものもあるわけです。皆さんもぜひ、私と一緒にメディア報道を斜めに見てください。

数字は嘘をつきませんが、嘘つきは数字を使います。そして嘘つきはデタラメにちょっとだけ真実を混ぜるのです。

メディアが発信していることの中には本当のこともあります。しかし、間違ってることもたくさんあるのです。私はこれに気づくまでに何十年もかかってしまいました。そしてそれを測る物差しとして陰謀論があるのです。

都市伝説と呼ばれているジャンルも、昔は口裂け女とか人面犬でしたが、今では偏向報道や不正選挙という話題にまで広がっています。

つまりこれは、多くの人たちが「あれって本当なのかな」と、疑問を持ちはじめていることのあらわれだと思います。

ユーチューブでワクチンの話題はいまだにご法度です。

私はユーチューブでは「ワクチン」という言葉そのものを言わないようにしています。それがアルゴリズムに悪影響を与えると知っているからです。

なぜワクチンの話をしたらいけないのか？

正確にはワクチンの話をしたらいけないのではなく、ワクチンを否定するような発言をしてはいけないのです。

たとえば「ワクチンが効かない」ということを専門家でもない人が、エビデンスもなく勝手な理屈で言っているのなら、間違った情報なのかもしれません。

しかし、実際に医師の資格を持つ人や専門家、研究者が「もしかしたらワクチンは世に言われているようなものではないかもしれない」とエビデンスを添えて情報を伝えようとしても動画が消されてしまうのです。

なぜだと思います？　ユーチューブに広告を出稿しているスポンサー（製薬会社や政府）が嫌がるからです。

ゆえにユーチューブにはワクチンに反対するような情報は出せないのです。

広告によって成り立っている商業メディアが広告主の意向に添うのは当然です。SNSも同じです。タダで使えるのには理由があるのです。ましてやユーチューブで収益を得ようとしているユーチューバーは、ビジネスとして動画を投稿しています。想像してみてほしいのです。その収益はどこから来るのかを。

インフルエンサーたちの中には広告主の意向を受けた人物も多数存在するでしょう。だからインフルエンサーすらも頭から信用してはいけない。それは私も含めてです。

一説によると、ＳＮＳにはワクチンに関する特設部隊が存在していて、その人たちは専門的にワクチンを否定するような動画を通報しているとか。

ワクチンを礼賛するような動画が消されたという話は聞いたことがありません。

コロナ騒動から5年、当初に正しいとされていた情報が間違いだった、そんな事例をたくさん見てきました。その当時はワクチンに疑問を投げかける動画は消されました。今では政府もワクチン被害を認定しはじめています。少しずつですが、世論もその疑問が真実だったかもしれないという方向に変わってきました。

有り得ないという認識から先へ

地震の話にも触れたいと思います。

日本は地震大国です。日本で巨大な地震が発生すると、Ｘで必ずトレンドにあがるワードがあります。それが「人工地震」。

この言葉に馴染みのない人からすれば、「とんでもない陰謀論だ」と思うことでしょう。ネットに出回っている多くの情報は大半がデマやデタラメですから。

しかし、人工地震は実在する技術だということをご存知でしょうか。

平成の初頭までは「人工地震」という言葉は普通に新聞紙面に躍っていました。採石発破や大規模な土木工事等に伴って人工的に起こる微弱な地震が人工地震です。

皆さんはアメリカ軍やロシア軍がこうした技術を研究していないと思いますか？

カニキン・プロジェクトというアメリカが実施した地下核実験があります。

1971年、アリューシャン列島のアムチトカ島で行われた地下核実験（地下1800m）で、アメリカ陸軍のLIM－49Aスパルタン弾道弾迎撃ミサイル用のW71という核弾頭を使用しました。地下核実験としては過去最大級の核出力5メガトンを記録し、この実験で生じた地震の実体波マグニチュードは6・9とされています。

人工地震について興味がある方は「デンバー地震」「地熱発電」この2つのキーワードでぜひで検索をかけてみてください。あなたが知らない世界がそこにはあります。

都市伝説や陰謀論というフィルターを持って、物事を斜めに見る癖があれば、「人工地震なんか有り得ない」という常識から外れてさまざまな情報を手に入れることができるのです。

２０２３年初頭に起きた能登半島地震当時も、多くの情報がインターネット上に流されました。その中にはたくさんの間違った情報も存在し、実際に救援活動に支障をきたすという問題が起きました。

このことから政府は、インターネットの情報を規制できるような法律を作ったのです。これ自体は何の問題もないように思えますが、その情報が正しいか間違ってるかを判断するのは政府。つまり、政府に都合の悪い情報を規制するかもしれないという懸念があるわけです。

インターネットにはまだ自由の世界が残っていますが、権力は震災や戦争が起きたときに乗じてルールを変更し、規制を強くしてくるのです。

能登半島地震の際、インターネット上に蔓延した「人工地震」情報、はたして誰がこれをバラ撒いていたのでしょう。

都市伝説や陰謀論というフィルターを否定せず、これを斜めに見れば、「情報統制の流れをつくるために、何者かが意図的に流していたのではないか」となるのです。

陰謀論を逆手にとる

陰謀論という言葉の本当の役割は、「レッテル貼り」「情報の隠蔽」「真実の隠匿」であると申しました。

しかし私たちインフルエンサーはそれを逆手にとって、闇に踏み込みさまざまな情報を発信しております。

そしてそれを受け取ってほしいのは、今これを読んでいるあなたに他ならないのです。一昔前だったらマスメディアが一方的に発信する情報を受け取るだけでしたが、今は私たちインフルエンサーからも受け取ることができる。

冷静に考えてみれば、一方的に送ってくる情報に全幅の信頼を置くことが間違いなのです。しかしそれすらも考えさせないようにしていたのがマスメディア、いわゆるオールドメディアです。「SNSは虚偽の情報があります」と、嘘を垂れ流しているほうが必死に弁明しています。

私が発信している都市伝説ニュースや陰謀論ニュースは、マスメディアが一方的に発信する情報に疑問を持つための「視点」でもあります。

「本当にそうなのかな」「私が信じているものは真実なんだろうか」と、いったん立ち止まって考えるためのきっかけでもあります。

この本のサブタイトルである「都市伝説の探究がアナタをちょっとだけ救うかもしれない」。残念ながらこの本はアナタの人生を劇的に変えるものではないのかもしれない。でも、この本を読み終わってからアナタが見る世界は、それまでとはちょっと変わっているかもしれません。

いいえ、変わっていってほしい、私はそう願っています。

マスメディアもインフルエンサーもそして教祖や指導者も、決して信じ込んではいけないのです。

アナタが信じていいのは自分の直感だけです。

その直感を研ぎ澄ますために多くの情報に触れてください。

そのひとつが私の情報だったら、こんなに嬉しいことはありません。

あとがき

ゴゴゴゴゴゴ…………………………!
今、あなたの脳内に直接話しかけています――。

これからあなたはSNSにおみそんの本の感想を書きたくなるはずです。
何故、そんなことがわかるのかって?
そんなことは朝飯前のセクロスくらい簡単なことなのです。
そう、私は尊師だからね。
あなたの尊師は今日も元気です。
あ、ちょっと待ってください。
本を閉じようとしないでください。

本が売れないこんな時代に、
この本を買ってくれた頭のおかしいあなたは、
きっとネットリテラシーが高いはずなのです。
だからこの本を読んだあと、
即座にスマホでこの本の感想を書きたくてウズウズしているはずです。
何故、そんなことがわかるのかって?
そんな事は朝飯前のセクロスくらい簡——。
あれコレさっき言ったな。
ここまで読んで気づいて頂いたと思いますが、
尊師は今、明らかに行数を稼ごうとしています。
それは信仰に関わる重要な部分なのです。
ちなみに薄々勘づいていると思いますが、
尊師とは私、オ・ミソンのことです。
そしてセクロスとは性交渉を、
ちょっとアクロバティックに言ってみたかっただけです。

赤名リカ先生を呼んできてもらっていいですか？
あ、無理ですか。何かすいません。
で、何でしたっけ？
あとがき？
あー、はいはい。そうですそうです。
この本を買ってくれた奇特なあなたが、
ネットに「この本を買ってよかった！」って、
そこら中に書き散らしてほしいって話ですよ。
まず書評サイトね、それからアマゾンとか楽天とか快楽天とかに、
五つ星評価をしてきてください。
もちろん熱い商品レビューも宜しくお願いしますよ！
そうですね、格式高くバロック調で書いてください。
ちなみにバロック調とは何かは読んでいるあなたも、
書いている私も何のことやらさっぱりわからないので、
あなたの解釈で構わないです。

そう、家に帰るまでが遠足。
家に帰るまでが脱北。
エッチに門限はありません。
あなたは野に放たれた美獣。
欲望のおもむくままにこの本の感想をそこら中に発露してくるのです。
尊師はそんなあなたを愛しく思います。
愛しています。
バリ愛しています。
だからもう一冊、あなたの大事な人にこの本をプレゼントしてください。
それが愛なのです。

尊師はね……、尊師は思い出します。
学校から帰ってきて、お母さんが台所で唐揚げを揚げとります。
その唐揚げの香りに「おい、飯まだ？　まだね？」
「もうちょい待って！」ってお母さん。

待つ間に夕方のＮＨＫの教育放送を観ます。
天才てれびくんを観ます。
肉まんを食べながら観ます。
外はどんよりとむらさき色の夕焼けが広がっています。
尊師は何故か、何故か思い出します。
向井くん、向井くん、今日もまたビールを飲もうじゃないか！

この本を２００万人のおみそんリスナーと向井秀徳に捧ぐ。

追記 おみそんの秘密

Q★好きな黄色はどんな黄色?
A⬇秋山黄色
Q★毎日の計画の立て方と時間の使い方のコツは?
A⬇分刻みで毎日同じ生活をすること
Q★タイムマシンで過去か未来に行けるとしたらどこで何をしたい?
A⬇江戸時代に行って鮨食べたい!
Q★中学校で楽しかった思い出は?
A⬇生徒会でベルマークをみんなで貼ったこと
Q★どんな時に幸せだと感じますか?
A⬇ユーチューブの動画がバズった時
Q★将来どのような父親になりたい?
A⬇一緒に遊べる親父がいいよね~
Q★今人生何周目ですか?
A⬇42・195周目
Q★生まれ変わったら男と女どっち?
A⬇男
Q★朝のルーティンは何?
A⬇トイレ掃除と散歩
Q★観光大使や親善大使するとしたらどこの国?
A⬇ベトナム
Q★家族構成は?
A⬇パパ、ママ、姉、弟、わたし
Q★1日のスケジュールを教えて?
A⬇起きる、動画、食う、寝る!
Q★尊敬する人は誰ですか
A⬇HIKAKIN
Q★最後の晩餐は何食います?
A⬇卵かけ納豆ご飯
Q★継続の秘訣はなんですか?
A⬇休まないこと
Q★次に生まれ変わるとしたら何になりたいですか?
A⬇イルカ
Q★感銘を受けた本はありますか?
A⬇蒼穹の昴（浅田次郎）
Q★おみそんが一番闇深いと思う事件は何ですか?
A⬇プチエンジェル
Q★一番好きな人は誰ですか?
A⬇わたし
Q★人妻の料理でごちそうになりたいメニューは?
A⬇ホタルイカのオイルパスタ
Q★京都土産は何がいいと思います?
A⬇すぐき漬
Q★もしほかの国に移住するならどこの国がいいですか?
A⬇LA
Q★ラッキーナンバーは何番ですか?
A⬇030（おみそん）

Q★毎日何時に寝ますか？
A⬇22時30分
Q★一番好きな季節は？
A⬇夏
Q★好きな温泉はどこですか？
A⬇温泉嫌い
Q★たまにはおとなしめの服とか着ますか？
A⬇着ないよ
Q★好きなタイプの女性は？
A⬇変な人
Q★なぜ京都に住んでいるのですか？
A⬇オシャレだから
Q★歴代総理でステゴロ最強は誰だと思いますか？
A⬇田中角栄さん
Q★高知の坂本龍馬は何者なんです？
A⬇フリーメーソン
Q★2冊目も本出しますか？
A⬇この本の売れ行き次第です！
Q★子どもの教育に一番大切なことは何だと思いますか？
A⬇愛されているとわからせてあげること
Q★映画や本を読んで泣いちゃうタイプですか？
A⬇すぐ泣くよ
Q★人生に影響を受けた映画は？
A⬇きょうのできごと（行定勲監督）
Q★得意料理は何ですか？
A⬇イカと里芋のにっころがし
Q★Xで毎朝詩を書くようになったきっかけは何ですか？
A⬇ある朝、岸和田PAニテ
Q★出版後の野望を教えてください！
A⬇おみそんのオールナイトニッポン
Q★最終目標は何ですか？
A⬇お坊さん
Q★いつ結婚しますか？
A⬇あなた次第
Q★恋人と喧嘩したら自分から謝りますか、謝られるのを待ちますか？
A⬇すぐ謝るタイプ
Q★座右の銘は何ですか？
A⬇辛い時こそ笑えよ
Q★執筆中は何が大変でしたか？
A⬇全部
Q★一番大切な価値観は何ですか？
A⬇継続は才能に勝る
Q★最近何か挑戦したことはありますか？
A⬇マイク変えた
Q★今一番興味あることは何ですか？
A⬇ドラム
Q★どんな時に一番リラックスできますか？
A⬇ゲームしてる時
Q★最近一番楽しかったことは？
A⬇グレフェス2024
Q★おみそんが一番好きなおむすびの具は何ですか？
A⬇しゃけ
Q★10日間完全な休みができたら何をしますか？
A⬇もう1回アンコールワットに行きたい
Q★もし京都でデートをするならどこに連れてってくれます？
A⬇将軍塚の展望台
Q★沖縄料理で何が好き？
A⬇リュウキュウイノシシのタタキ
Q★おみそんが体験した怖い話を教えて！
A⬇小学生の時、顔のない黒い人を見たこと

Q★生まれ変わったらまた日本人に生まれたいですか?
A⬇絶対日本人がいいです!
Q★だいたい何歳ぐらいまで生きる予定ですか?
A⬇120歳
Q★外食ご飯が大盛無料だったら大盛にしますか?
A⬇絶対する。ご飯大好き
Q★ジムでトレーニングする時の髪型はどんなスタイルですか?
A⬇ふかわりょうスタイル
Q★今まで旅行した場所で一番のおすすめはどこですか?
A⬇軍艦島
Q★コメントやチャットの投稿はほぼ見返していますか?
A⬇見てるよ。いつもありがとう
Q★ユーチューブのエンディングはなぜコンギョなのですか?
A⬇面白いから
Q★シナモンくんをお迎えした経緯を教えてください!
A⬇お姉ちゃんがデカくて邪魔だからとくれた
Q★夏休みの宿題を先に終わらせるタイプでしたか?
A⬇最後まで引き延ばしてましたね、何なら学校始まってもやってました
Q★なんで結婚しないんですか?
A⬇プロポーズしてこいよ!?
Q★今日の夕飯は?
A⬇今日はチキンライス(アジア風)
Q★なぜユーチューバーになろうと思ったのですか?
A⬇ナオキマン見て、自分もイケそうと思ったから
Q★今まで生きてきて影響された言葉は何ですか?
A⬇自分の中に毒を持て
Q★生まれ変わったらまた自分に生まれたい?
A⬇人間だとしたら自分がいいね
Q★人生でこの本は絶対に読んだ方がいいと思う1冊は何ですか?
A⬇気流の鳴る音(真木悠介)
Q★お茶を習おうとしたきっかけは何ですか?
A⬇へうげもの(山田芳裕)
Q★一番好きな歌手は誰ですか?
A⬇MAX ROMEO
Q★おみそんの一番好きな曲は何ですか?
A⬇君が代
Q★世界一速い筋肉ルーレットができるというおみそんの自己ベストを教えてください!
A⬇ヤー!!!!!
Q★長寿の秘訣を教えてください!
A⬇早寝早起き
Q★座右の銘はあります?
A⬇インザスカイ
Q★最初の人と最後の人とどちらがお好みでしょうか?
A⬇最後の人
Q★一番好きなご飯のおかずは何?
A⬇唐揚げ
Q★今日は何食べたいですか?
A⬇ゆでたまご
Q★身長体重を教えてください!
A⬇178センチ、8万トン
Q★今までにやったバイトを教えてください!
A⬇KinKi Kids のライブの警備
Q★おみそんの三種の神器は何です

か？
A⬇iPhone、リップクリーム（メンソレータム）、MacBook
Q★もし総理大臣になったら何をしますか？
A⬇就職氷河期世代を全員財務省で雇います
Q★フラットアースの南極の外側に行ってみたいのですが…
A⬇中村浩三に相談して？
Q★好きなマカロンの味は何ですか？
A⬇納豆味
Q★二の腕太はこの世界は99％仮想現実と言っていますが、おみそんはどう思いますか？
A⬇私もそう思う
Q★占いに行ったことありますか？
A⬇ない
Q★ニーサやってますか？
A⬇やってない
Q★詩の本を出しますか？
A⬇出します
Q★干支は何ですか？
A⬇リヴァイアサン
Q★影武者がいますか？　いるとすると何人ですか？
A⬇むしろいてほしいです…
Q★1日で一番好きな時間はいつ？
A⬇16時59分
Q★自分の一番いいと思うところはどこですか？
A⬇諦めないとこ
Q★一押しのライフハックを教えてください！
A⬇楽しみな予定を先に入れると時間がゆっくり過ぎる
Q★ジェットコースターに乗れる？
A⬇大好き
Q★お化け屋敷は平気ですか？
A⬇平気
Q★お昼のライブでやばいこと言ってしまってすぐ消したくなった動画がありますか？
A⬇ないですね
Q★大枚はたいてライブのVIP席で観たいぐらい好きなアーティストはいますか？
A⬇宇多田ヒカル
Q★ナイチンゲールダンスの中野なかるてぃんと共演してください！
A⬇わかりました
Q★上念司氏は弟をどう思っているでしょうか？
A⬇愛い奴と思われてる
Q★隣のシナモンちゃんいつから友達ですか？
A⬇4年前
Q★10年後のおみそちゃんは何をしていますか
A⬇ユーチューブやってるでしょうね
Q★海外移住の予定はありますか？
A⬇アメリカに引っ越したい
Q★本の中におみそん用語辞典も載せるとよくないですか？
A⬇そうでしょうか？
Q★登録者が100万人になったら、貴乃花に四股を習いに行ってもらえますか？
A⬇は、はい（何故？）
Q★登録者が100万人になったら小池栄子さんとの共演ありますか？
A⬇あるでしょうね!?
Q★ひとつだけ世界の秘密教えてもらえるとしたら何を知りたい？
A⬇安倍晋三暗殺事件の真相

Q★ちくわを打つとき針は見る人ですか?
A⬇怖くて見れない
Q★いつか鉄棒の大車輪に挑戦してくれますか?
A⬇嫌です
Q★100歳の金さん銀さんどちらがタイプでしたか?
A⬇金さんかな〜
Q★きのこの山とたけのこの里どっちが好きですか?
A⬇たけのこの里
Q★手のケアは何かしてますか?
A⬇何もしない派
Q★プロデューサーになるなら何をプロデュースしたい?
A⬇アイドルグループ「もんどり打っズ（仮称）」
Q★一番の自慢話を聞かせてください!
A⬇ビートたけしの隣の席で鮨食べたことある
Q★これからの野望を教えてください!
A⬇ラジオスターになります

Q★命の危機を感じたことありますか?
A⬇ロールケーキが喉に詰まった時
Q★家紋はどんなやつですか?
A⬇丸に二つ引両紋
Q★最終的に目指してることは何ですか?
A⬇世界平和
Q★世界の闇に興味を持ったきっかけは何ですか?
A⬇ロズウェル事件
Q★リアルに何歳ですか?
A⬇86歳
Q★おみそんの歯並びは歯磨きしにくくはないですか?
A⬇うん、超大変
Q★パパンとかママンとか言ってますけど、おじいさんやおばあさんは何て呼ぶんですか?
A⬇ジッジとバッバ
Q★帽子を取ったらどんな感じ?
A⬇夢がそこにあります
Q★どうしたら読書好きになれますか?
A⬇好きな本を読むこと

Q★好きな女性のタイプは年齢は上下何歳差くらいまでオッケーですか?
A⬇年は関係ないですね!
Q★エンディング曲にコンギョを選んだのはいつ頃ですか?
A⬇多分3年前くらい
Q★学生時代のクラブ活動やサークル活動は何してたの?
A⬇サッカー部
Q★ペットを飼うとしたら何が飼いたい?
A⬇しば犬
Q★朝ごはんは何時頃食べてますか?
A⬇7時15分
Q★好きな京アニ作品を教えて!
A⬇たまこまーけっと
Q★脱サラしたとき不安はありませんでしたか?
A⬇なかったっすね（笑）
Q★一番好きなユーチューバーは誰ですか?
A⬇コヤッキー
Q★もし先生になるならどの教科を教えたいですか?
A⬇倫理

Q★髪型は今後変えますか？
A⬇いつか坊主にしたい
Q★すべてのSNSで一番素が出てる自分はどれだと思いますか？
A⬇多分サブチャンネル
Q★洋服選びのポイントは？
A⬇色合い
Q★お化けや幽霊は信じていますか？
A⬇信じてないです
Q★好きな歴史上の人物は誰ですか？
A⬇豊臣秀吉
Q★クロックスが好きな理由を教えて！
A⬇紐がないとこ
Q★イケオジの秘訣は？
A⬇モテたい気持ちを忘れてはいけないこと
Q★自分を食べ物にたとえると？
A⬇めかぶ
Q★寝るときはどんな格好をしていますか？
A⬇裸
Q★本をたくさん読む秘訣は？
A⬇同時進行で何冊も並行読みする
Q★最近食べたカレーで美味しかったのは？
A⬇京都の森林カレー
Q★ユーチューブを始めるとき誰かに相談しましたか？
A⬇しなかったですね
Q★コメントで心に残った言葉は？
A⬇君は必ずいつか売れるよ
Q★今憧れている人は誰ですか？
A⬇中島浩二
Q★好きな香りは？
A⬇昆布だし
Q★おみそんであいうえお作文をお願いします！
A⬇お　おいおいおいおい
A⬇み　ミャーミャーミャーミャー
A⬇そ　そそそそそ
A⬇ん　ンジャメナで起業します
Q★100才になったらしたいことがありますか？
A⬇富士山登山
Q★埼玉在住時はどこに住んでいましたか？
A⬇北浦和西口
Q★神龍が現れた。願いを3つどうぞ！
A⬇世界中から飢餓をなくしてください。後のふたつはお前が好きに使え
Q★今まで生きてきて自分の変わらない核となるものは何ですか？
A⬇簡単に諦めない
Q★無性に人恋しくなったり寂しくなる時ありますか？　そんな時どうしますか？
A⬇ないです
Q★自分だけしか経験したことないだろうってことあります？
A⬇UFOに攫われたこと
Q★大人になったなーと思ったことは何？
A⬇老眼
Q★旅行に行く時事前に予定を立てる？　それとも行った先で考える？
A⬇計画立てるの超苦手です
Q★今までに彼女を笑わせるためにしたおかしなことは？
A⬇闇夜で急にお相撲の声でびっくりさせる
Q★アニメのキャラクターとデートするなら誰とどんなデートする？
A⬇天空の城ラピュタのシータと無駄にバルスって言いまくりたい

Q★徹子の部屋に呼ばれたら何を話しますか?
A⬇白鷺のモノマネで徹子と交信します
Q★どんな子どもでしたか?
A⬇目立ちたがり屋でしたね
Q★最高の口説き文句は?
A⬇そろそろ俺と暮らさないか?
Q★人生の意味は何ですか?
A⬇生き抜くことじゃね?
Q★リーマン時代どんな職種でしたか?
A⬇営業
Q★もし子どもの頃の自分に会ったらなんて声かけますか?
A⬇大人も楽しいよ!
Q★大好きな映画は何ですか?
A⬇夏至（トランアンユン監督）
Q★デートのときは地味に変装したりしますか?
A⬇いやこのまんまです
Q★好きな漫画アニメは?
A⬇蒼天航路が好き
Q★おみそんの好きな季節は?
A⬇真夏
Q★今まで一番の大人買いは何ですか?
A⬇時計
Q★総資産を教えてください!
A⬇1円（政治家スタイル）
Q★好きな文芸作家は?
A⬇浅田次郎
Q★最初に行った外国はどこ?
A⬇ベトナム
Q★勉強苦手な子にアドバイスお願いします!
A⬇実は遊びも勉強なんだよ?
Q★漫画に出てくる技で私が一番好きな技は筋肉大東です。おみそんが一番好きな技は何ですか?
A⬇おみそ大作戦かな（?）
Q★ユーチューブを始めてから起きた予想外の出来事は何?
A⬇浜田ブリトニーさんが動画見てくれてたこと
Q★爪を切ろうと思うタイミングは?
A⬇デート
Q★千利休に会えたら聞きたいこと伝えたいことは何ですか?
A⬇お茶最高っすよね～
Q★ドラえもんの道具は何が欲しい?
A⬇むしろ私がどら焼き屋さん店ごと買ってあげたい
Q★お気に入りの食器ってなんですか?
A⬇やちむん
Q★独り言を言いますか?
A⬇むしろ動画が独り言だからね…
Q★ついやってしまう変な癖は?
A⬇ぺいぺいってすぐ言う～
Q★エンディング3番ができるのはいつですか?
A⬇明日
Q★朝起きたらおねいさんと入れ替わってたらどうしますか?
A⬇弟をしばく
Q★サザエさんに出演するならどんな役でどんな内容がいいですか?
A⬇カツオの性の目覚め、赤貝さんで磯野家を崩壊させたいです
Q★お寺で働いていた理由は?
A⬇友達が働いてたから
Q★もしギブスをすることになったらサインしてもらいたい有名人は誰?
A⬇ドナルド・トランプ

Q★おみそんを夢中にさせるものは何？
A⬇ユーチューブ
Q★最近大笑いしたことは？
A⬇オードリーのオールナイトニッポン
Q★いつも笑っちゃうことは何？
A⬇私の人生
Q★これまでで一番失敗した髪型どんなの？
A⬇ツーブロックで頭髪検査引っかかって5厘頭になった
Q★家族の中で一番変わってるのは誰？
A⬇ママン
Q★グラビアアイドルは誰推し？
A⬇えなこ
Q★これまで食べたものの中で一番変わっていたものは何？
A⬇涙のハイボール
Q★亡き三島由紀夫さんに質問できるとしたら何を聞きたいですか？
A⬇文学とは何か？
Q★朝の散歩はいつから始めましたか？
A⬇2024年の5月からだと思う！
Q★もし1種類しか肉を食べられないとしたら鳥豚牛どの肉を選びますか？
A⬇鳥かな〜
Q★どんなふうにネタを集めていますか？
A⬇アカシックレコードにアクセスしています
Q★歯磨き粉に入ってるフッ素が、人の松果体を石灰化させて奴隷のように言うことを聞かせるために入れているという陰謀論を聞いたことがあるのですが本当でしょうか？
A⬇たぶん嘘
Q★これだけは譲れないおみそんのこだわりは何？
A⬇休めないんじゃない、休まないんだ！
Q★凹んだ時に自分を奮い立たせてくれる歌は？
A⬇BUMP OF CHICKENの「ハルジオン」
Q★自分を動物にたとえると何？
A⬇ヌメヌメした何か
Q★もしおみそんがファンと旅行に行くならどんなプランでどこに行きたいですか？
A⬇沖縄のグスクをみんなで巡るツアー行きたい！
Q★何をきっかけにメディアに疑問を抱き始めましたか？
A⬇ベトナム戦争の報道について
Q★戦争とメディアが密接な関係性があると気づいた著書があったら知りたいです！
A⬇ベスト&ブライテスト（デイヴィッド・ハルバースタム著、浅野輔訳）
Q★しば犬に噛まれるなら次はどこがいい？
A⬇次も顔でお願いします
Q★もし今の意識を持ったまま生まれ変わったら何がしたいですか？
A⬇就職活動で無双したいね
Q★自分の一番好きなところと嫌いなところを教えて！
A⬇好き→諦めないとこ　嫌い→日常生活力が低い
Q★動画の最後でふざけている理由は何ですか？
A⬇ふざけた人間なんですよわたし

Q★かなわない夢を見る、かなわない人を愛するのをやめられない時、せめて意味がほしいのですが、そこに意味はありますか?
A⬇愛するのやめなくてもいいじゃん
Q★好きなプロゴルファーっている?
A⬇宮里藍
Q★世界から宗教が亡くなっても人は不都合なく生きていけますか?
A⬇生きていけると思う
Q★理数系の天才に対してはぶっちゃけどんな思いを抱いておられますか?
A⬇しゅごいねえ!
Q★今どこへでも引っ越しが可能だとしたら一番住みたい街はどこですか?
A⬇夏は北海道、冬は沖縄、春は東京、秋は京都
Q★アンチもおられると思いますが、元はアンチだった方とも仲良くなれるタイプですか?
A⬇なれるタイプだと思う
Q★何カ国語話せますか?
A⬇英語と韓国語
Q★世界中に友達いるんですか?
A⬇いるよ
Q★占いは好きですか?
A⬇嫌い
Q★抱いて抱かれて祭りが開催された時の最高人数を教えてください!
A⬇その祭いつ開催された?
Q★イーロン・マスクこと二の腕太さんの腕の太いところは二の腕でなく一の腕ではないですか?
A⬇そうなんじゃない? 君の中ではな!
Q★好きなお笑い芸人トップスリー教えてください!
A⬇1位ダウンタウン　2位オードリー　3位Drハインリッヒ
Q★おみそんを主役に映画を作ることになるとしたらどんな設定どんな役柄がいいですか?
A⬇ベトナムのバックパッカー役で出してほしい
Q★宗教指導者おみそん様、今日の最も大事な教えは何ですか?
A⬇今日がすべて。そして明日は明日の今日
Q★子どもの頃好きだったアニメは何ですか?
A⬇ヤッターマン
Q★サッカー選手は誰が好きですか?
A⬇柳田
Q★絶対売れてやるって宣言するおみそんが大好き。売れたら何がしたい?
A⬇あら輝で鮨食べたい
Q★ユーチューバーのやりがいは何?
A⬇実力主義
Q★初恋の思い出は?
A⬇忘れた
Q★おみそんの宝物は何ですか?
A⬇ファンのみんな
Q★タルタリヤ帝国は実在しましたか?
A⬇怪しいよね(笑)
Q★一番好きな花は何ですか?
A⬇蓮
Q★入閣したら何大臣になりますか?
A⬇外務大臣になって竹島上陸します
Q★おみそんが本当に知りたいことはなんですか?
A⬇死んだらどうなる?
Q★ユーチューブはいつまで続きますか?
A⬇あと20年はいけるでしょ

Q★もしユーチューブをやってなければ営業職を定年まで続けるつもりでしたか？
A⬇本社勤務希望でした
Q★サラリーマン時代に人間関係で苦労したエピソードありますか？
A⬇得意先の忘年会で偉い人にめっちゃ殴られた（笑）。次の年仲良くなった
Q★学生時代のアルバイト遍歴を知りたいです！
A⬇印刷屋とかライブの警備とかね!!
Q★お酒はどこで買ってますか？
A⬇リカーマウンテンとやまや
Q★宇宙人に会ったらなんて挨拶する？
A⬇髪切った？
Q★おみそんが最近見た夢は？
A⬇動画編集してる夢
Q★右利き？　左利き？
A⬇右利き
Q★得意な泳法を教えてください？
A⬇武者泳ぎ
Q★おみそんは寝相いい？
A⬇ファラオ
Q★シャンプーは何使ってるの？
A⬇SABONのスカルプスクラブ
Q★お肌のケアしてる？
A⬇無印の発酵導入美容液は神
Q★おみそんはむだ毛処理してる？
A⬇むだな毛なんてないから……
Q★食べ過ぎちゃうものって何？
A⬇ゆで卵
Q★好きな刑事ドラマはありますか？
A⬇濱マイク
Q★おみそんは電車に乗るときはどこに座るの？
A⬇座らない
Q★何か健康にいいことしてます？
A⬇朝の散歩
Q★カレーは福神漬け派、らっきょう派？
A⬇福神漬け
Q★いつもお世話になっているAV女優さんを教えてください！
A⬇鷲尾めい
Q★好きなタレントっています？
A⬇大泉洋
Q★尊敬するお笑い芸人は誰ですか？
A⬇ダウンタウン
Q★倒したいユーチューバーは？
A⬇しば犬のらんまる
Q★セレブなおみそんはフランス料理で何が好き？
A⬇筑前煮
Q★食べると元気になるのは何？
A⬇納豆卵かけご飯
Q★チャーハンの具は何が重要？
A⬇スパム
Q★お正月は何して遊んだの？
A⬇動画編集
Q★カラオケで何を歌います？
A⬇コブクロの「milion films」
Q★楽器は何ができる？
A⬇ギターを少々
Q★未来に行ったら何をしたい？
A⬇AIとデート
Q★唐揚げにレモンをかけます？
A⬇それする人嫌い
Q★誕生日は？
A⬇3月1日
Q★血液型は？
A⬇B型
Q★ごはんのお供は何が最高？
A⬇しゃも
Q★ポッケには何が入ってる？

A⬇夢でしょ!?
Q★口が渇くほど緊張したときって?
A⬇動画がBANされた時
Q★今、一番ときめいてることは?
A⬇近所の犬がちょっとずつ私に慣れてきている!
Q★どんなピーマン料理が好き?
A⬇青椒肉絲
Q★夏になると何を食べたい?
A⬇辛いやつ!
Q★冬の味覚で食べたいものは?
A⬇牡蠣鍋ですかね
Q★おふくろの味って何?
A⬇鶏そぼろご飯
Q★あんこはこしあん派ですか?
A⬇つぶあん
Q★カレーは辛いほうが好きですか?
A⬇激辛で
Q★ラーメンは何系が好き?
A⬇細麺バリカタ
Q★1日何冊ぐらい本を読みますか?
A⬇1冊以上はいく!
Q★誰かひとりに会わせてあげるよと言われたら誰に会いたいですか?
A⬇天皇陛下

Q★有名人のファンクラブに入ったことがありますか?
A⬇ないですね〜
Q★家族を持った地元の友達と会うのが億劫に感じるのですが、おみそんはその辺気にする人ですか?
A⬇まったく気にしないっす
Q★UFOやUAP、地球外生命体の存在を認めていますか?
A⬇絶対いるでしょ!?
Q★200年後日本はどんなふうに変化してますか?
A⬇案外変わってないとみた
Q★あの世を覗いてみたいですか?
A⬇いいえ。いつか行くから
Q★サザエさんの主要登場人物の中でもし抱かれるとしたら誰がいいですか?
A⬇ノリスケ。変態ぽいから
Q★人には目がふたつあります。さらに第3の眼が開眼する方もいます。おみそんの第3の目には何が見えていますか?
A⬇あなたの笑顔
Q★髪の毛はなんでその色にしたの?

A⬇韓国ドラマの影響
Q★どうやって髪を染めてますか?
A⬇カリスマ美容師にやってもらう
Q★世界の偉人をひとり蘇らせるなら誰がいいですか?
A⬇安倍晋三さん
Q★授業の勉強以外に勉強していたことは何ですか?
A⬇ディベート
Q★幼少期になりたかった職業は何?
A⬇伝説の教師
Q★ホワイトハットっていますか?
A⬇リンガーハットはいるよ?
Q★みかんは好きですか?
A⬇好き
Q★お風呂には右足からですか?
A⬇右から
Q★ウニは馬糞と紫どっちが好き?
A⬇馬糞
Q★受験生なんで励ましてください!
A⬇努力は実る
Q★すき焼きとしゃぶしゃぶ、どっち?
A⬇シャブ
Q★寿司ネタは何が好き?
A⬇ヒカリモノ全般

Q★ナポリタンとミートソース、どっち好き？
A⬇ナポ
Q★探検したい場所はどこですか？
A⬇パナマ運河
Q★縁日の屋台で気になるのは？
A⬇りんごあめ
Q★今、一番心配なことは？
A⬇いつ100万人登録いくん？
Q★おみそん、付き合ってください！
A⬇いいよ！
Q★お風呂ではどこから洗います？
A⬇足の裏
Q★牛丼屋と立ち食いそばならどっちに入る？
A⬇そば
Q★お好みとタコ焼き、粉ものはどっちが好き？
A⬇おこ
Q★好きな丼ものと言えば？
A⬇資さんうどんのカツ丼
Q★東京で住んでみたい街はどこ？
A⬇上野
Q★好きな星座は？
A⬇おとめ座
Q★おみそん、お雑煮のお餅嫌食えよ！
A⬇餅きらい
Q★私と不倫して！
A⬇いいよ！
Q★新たに別荘を建てるならどこ？
A⬇ビルゲイツの家の横
Q★上司にパワハラ受けてます、助けて！
A⬇辞めてしまいなさい！
Q★ベッド派？　ふとん派？
A⬇ベッド
Q★風呂はシャワー派？　ゆったり浸かる派？
A⬇シャワー
Q★北九州グルメと言えば？
A⬇娘々
Q★串揚げの具は何が好き？
A⬇蓮根
Q★行ってみたい国はどこ？
A⬇イタリア
Q★猫の柄はどんなのが好き？
A⬇灰色
Q★お茶受けの定番と言えばなに？
A⬇阿闍梨もち
Q★おせち料理は何を食べる？
A⬇ハム
Q★会社の後輩が病んでしまったのですが、どうすれば？
A⬇寄り添ってあげて
Q★初詣はどこに行く？
A⬇行かないです
Q★おでんの具は何が好き？
A⬇ジャガイモ
Q★野球で守るならどのポジション？
A⬇ライト
Q★エロ本はどこに隠していましたか？
A⬇机の下
Q★何度も読み返す本は？
A⬇船戸与一の「満洲国演義」
Q★小池栄子さんの魅力とは？
A⬇冷たい顔、優しい心（とおっぱい）
Q★トランプ大統領にかける言葉は？
A⬇しぬなよ！
Q★最近仕入れたうわさ話って？
A⬇モテ期は実は4回ある
Q★自分の中での流行語大賞は？
A⬇抱いてポンス
Q★1000問の質問って言ってなかった？
A⬇うるせー!!

おみそん

福岡生まれ。

都市伝説系ユーチューバー。

教祖、若しくは限りなく透明に近いナニカ。

YouTube 登録者 45 万人（2025 年 2 月現在）総再生回数 5 億回超。

https://lit.link/omisochannnel

おみその世界どん深闇ニュース
やっぱり何かがおかしい
都市伝説の探究がアナタをちょっとだけ救うかもしれない

第1刷　2025 年2月 28 日

著　者　おみそん

発行者　小宮英行
発行所　株式会社徳間書店
〒 141- 8202　東京都品川区上大崎３-1-1 目黒セントラルスクエア
電話　編集 03-5403-4344 ／販売 049-293-5521
振替　00140-0-44392

印刷・製本　三晃印刷株式会社

ISBN978-4-19-865954-7